AF826376

Verhandlungen

des

Zehnten deutschen Juristentages.

Herausgegeben

von

dem Schriftführer-Amt der ständigen Deputation.

Erster Band.

Berlin, 1872.
Commissions-Verlag von J. Guttentag.

Inhaltsverzeichniß.

Gutachten.

I.

Gutachten des Herrn Prof. Dr. H. A. Zachariae in Göttingen

über die Gesetzgebungsfrage:

„Soll die Entscheidung über die richtige Anwendung der Landesgesetze den obersten Landesgerichten überlassen und nur die Entscheidung über die richtige Anwendung der Reichsgesetze dem höchsten Reichsgerichte zugewiesen werden? oder in welcher Weise soll die Kompetenz des höchsten Reichsgerichts überhaupt begrenzt werden?"

Bei der gutachtlichen Beantwortung der vorgelegten Frage glauben wir von der Voraussetzung ausgehen zu müssen, daß dieselbe im Hinblick auf einen bestimmten politischen Gesammtkörper, insbesondere bezüglich der Verfassung des neuen deutschen Reichs als gestellt zu betrachten sei, oder daß man dabei doch wenigstens ein sog. Reich mit bestimmtem, also z. B. bundesstaatlichem Charakter im Auge gehabt habe, wodurch ja auch augenscheinlich die praktische Bedeutung der Frage als bedingt erscheint. Denn ganz allgemein gestellt würde sich die letztere bei der Vieldeutigkeit des Wortes Reich, und der möglicher Weise höchst verschiedenen rechtlichen Stellung der „Länder", welche zu einem Reiche zusammengefaßt sind, entweder gar nicht, oder nur hypothetisch in sehr verschiedener Weise beantworten lassen.

Nehmen wir also an, daß die Frage besonders im Hinblick auf die Verfassung des zum deutschen Reiche erweiterten norddeutschen Bundes gestellt sei, und betrachten wir zugleich als außer Zweifel bestehend, daß die rechtliche Natur des norddeutschen Bundes, mag er sich nun mit einem sog. Schulbegriff bezeichnen lassen oder nicht, durch die für das deutsche Reich erfolgte neue Redaktion und theilweise Abänderung der Verfassung, im Wesentlichen keine Aenderung erfahren hat, so wird, welches auch die politische Parteistellung in Betreff der weiteren Entwickelung der gegebenen deutschen Gesammtverfassung sein möge, unbedingt zugegeben werden müssen, daß Deutschland zwar als Ganzes staatsrechtlich und nicht blos, wie im vormaligen deutschen Bunde, völkerrechtlich organisirt ist, daß es aber bis jetzt keinen sog. einfachen oder Einheitsstaat bildet, sondern daß das jetzige deutsche Reich zu denjenigen zusammengesetzten Staatsherrschaftsformen gehört, wo ein Theil der allgemeinen Aufgaben oder Zwecke des Staats überhaupt, nach der durch die Verfassung gegebenen Begrenzung, gemeinsam von der ganzen Nation oder von den das Ganze, den Gesammtkörper, repräsentirenden Organen verwaltet, alles Uebrige aber, was überhaupt in die Sphäre des Staats gehört, den einzelnen, insoweit mit staatlicher oder souveräner Selbstständigkeit fortexistirenden Bestandtheilen des Reichs (den sog. Bundesstaaten) als vorbehaltene Zuständigkeit gebührt.

Für jeden Sachkundigen wird es keines Beweises dieser Auffassung bedürfen. Jedenfalls kann ein Blick auf die Verfassung des deutschen Reichs, insbesondere die den Abschluß des ewigen „Bundes" betreffende Einleitung, die bestimmte Begrenzung der Reichsgewalt in Betreff der Gesetzgebung (Art. 2—4) und in Betreff der dem Bundespräsidium übertragenen Executive (Art. 11 u. s. w.) — genügen, um die Richtigkeit jener Auffassung festzustellen, wobei übrigens auch von dem Verfasser dieses Gutachtens jetzt nicht weiter in Zweifel gezogen werden soll, daß nach der Fassung, welcher der Art. 78 in der jetzigen Reichsverfassung erhalten hat, in dem darin für Verfassungs-Aenderung vorgezeichneten Wege auch jede Kompetenz-Erweiterung rechtsgültig beschlossen und in Ausführung gebracht werden kann.

Was aber hier besonders hervorgehoben zu werden verdient, ist, daß auch in Betreff der Angelegenheiten, welche der Art. 4 der Verfassung der Kompetenz des Reichs zuweist, doch nur von einer Beaufsichtigung und Gesetzgebung des Reichs, keineswegs aber von Verwaltung oder unmittelbarer Gesetzesanwendung durch das Reich oder seine Organe die Rede ist. Ohne auf die Ausnahmen einzugehen, wie sie in Betreff der der einheitlichen Leitung des Präsidiums oder jetzt des Kaisers überwiesenen Angelegenheiten, sowie in einzelnen andern durch die Verfassung bestimmten Beziehungen, z. B. in Betreff des Consulats-, Post- und Telegraphenwesens (abgesehen von den Bayern und Würtemberg zugestandenen Exemtionen) hervortreten, steht nach der Verfassung fest, daß die Einzelstaaten sich noch vollständig im Besitz ihrer hoheitlichen Staatsverwaltungsbefugnisse befinden.

Namentlich gilt dies von der Justizverwaltung, welche nach der Verfassung auch in höchster Instanz unbeschränkt und abgesehen von dem aus der vormaligen deutschen Bundesverfassung herübergenommenen Art. 77, zu den unbeschränkt gebliebenen Hoheitsrechten der Einzelstaaten gehört, und daß davon nur der durch das Bundes- jetzt Reichs-Gesetz vom 12. Juni 1869, Bundesgesetzblatt Nr. 22 (304), eingesetzte oberste Gerichtshof für Handelssachen zu Leipzig eine, dem Gegenstand nach immerhin noch sehr beschränkte, Ausnahme macht.

Es ist eine bekannte Sache, daß die bei Berathung der Verfassung des norddeutschen Bundes gestellten Anträge, welche auf Einsetzung eines ständigen Bundesgerichts gerichtet waren, aber von der Einrichtung einer obersten Instanz in Landesjustizsachen gänzlich abstrahirten — vergl. die Verfassung des norddeutschen Bundes, erläutert von E. Hiersemenzel, Berlin 1867 — sämmtlich abgelehnt wurden und daß der norddeutsche Bund, da auch die Ausführung der Bestimmung des Art. 75 der Verfassung durch ein noch bis jetzt nicht erlassenes Gesetz bedingt wurde, ganz ohne eigene Gerichtsbarkeit resp. ein zur Ausübung derselben bestimmtes Organ ins Leben trat, wobei es denn, mit der in Betreff des Bundes-Oberhandelsgerichts zu Leipzig bereits bemerkten Ausnahme, bis jetzt geblieben ist.

Mit einem Worte, es existirt bis jetzt im deutschen Reiche kein höchstes Reichsgericht, auf welches die gestellte Frage bezogen werden könnte und sie würde insofern als gegenstandslos sich von selbst erledigen, wenn wir uns nicht selbst sagen müßten, daß sie hypothetisch für den Fall der Einsetzung eines höchsten Reichsgerichts und der sich dabei nothwendig machenden Kompetenzbegrenzung gestellt sei.

Für diesen Fall glauben wir aber den ersten Theil der Frage, ob die Entscheidung über die richtige Anwendung der Landesgesetze dem höchsten Reichsgesetz zugewiesen werden solle? entschieden verneinen zu müssen. Denn die Landesgesetze und die richtige Anwendung haben für einen politischen resp. staatsrechtlich organisirten Gesammtkörper wie das deutsche Reich gar keine Bedeutung; es fehlt jedes Bedürfniß und jedes Interesse, ihre richtige Anwendung einer Kontrole des Reichs zu unterwerfen. Dazu kommt, daß die Bejahung der Frage zugleich das Zugeständniß von der Nothwendigkeit einer alle Landesjustizsachen umfassenden obersten Instanz (sei es als materielle Berufungs- oder nur als formelle Kassations-Instanz) in sich schließen würde, wie sie für einen sog. Bundesstaat sich weder prinzipiell begründen läßt, noch auch nach den vorliegenden, sei es nur projektirten, sei es in praktischer Geltung befindlichen Bundesstaats-Verfassungen je in Anspruch genommen worden ist. Zwar könnte man vom historischen Standpunkte aus einwenden wollen, daß doch das vormalige deutsche Reich — abgesehen von den weit greifenden, theils illimitirten, theils limitirten, privilegiis de non appellando einzelner Reichsstände — eine regelmäßig begründete oberste resp. dritte Instanz für alle Landesjustizsachen gehabt habe, wovon nur vermöge des im Reichsabschied von 1530 §. 95 enthaltenen ausdrücklichen Verbots, alle peinlichen Sachen ausgenommen blieben. Hiergegen kommt aber entscheidend in Betracht, das ja das vormalige deutsche Reich kein aus einer Konföderation unabhängiger politischer Gewalten hervorgegangener Bundesstaat war, sondern ursprünglich ein einheitlicher Staatskörper, in welchem die Entstehung der Landeshoheiten auf einem centrifugalen Ablösungs-Prozeß beruhte, die von jeher begründete allgemeine Unterordnung unter die Reichsgewalt, mithin auch unter die oberstrichterliche Gewalt von Kaiser und Reich überall bestand und bestehen blieb, soweit nicht eine Selbstständigkeit und Unabhängigkeit der einzelnen Bestandtheile des Reichs verfassungsmäßig anerkannt war. Das politisch-staatsrechtliche Verhältniß des vormaligen deutschen Reichs in Vergleich mit einer der neuern bundesstaatlichen Bildungen war mithin geradezu ein umgekehrtes. Die frühere Reichsgewalt war und blieb eine die ganze Sphäre des Staats überhaupt umfassende plenitudo potestatis, mit vollständigem, in keiner Weise beschränkten oder nur auf bestimmte Angelegenheiten bezüglichen, Gesetzgebungsrecht, oberster Gerichtsbarkeit u. s. w. Es handelte sich nach der vormaligen Reichsverfassung überhaupt gar nicht darum, was und wieviel in die Reichsgewalt von den Gliedern des Reichs hineingetragen, sondern nur darum, wie weit die Selbstständigkeit der Landeshoheit insbesondere dem Kaiser gegenüber begründet, resp. welche Beschränkung der Reichsgewalt selbst in formeller oder materieller Hinsicht durch die Grundgesetze des Reichs gegeben sei. In letzterer Hinsicht gab es aber seit dem westphälischen Frieden nur einen Gegenstand, von dem man sagen konnte, daß er der Gesetzgebung und in gewisser Hinsicht der Gerichtsbarkeit des Reichs in der sonst bestehenden gesetzlichen Form entzogen sei; nämlich die Religions-Angelegenheiten, insofern in allen Causis religionem directe vil indirecte concernentibus, sowohl beim Reichstag, als beim Reichskammergericht, das sog. Jus eundi in partes eintrat.

Abgesehen hiervon ist uns keine Bundesstaats-Verfassung bekannt, welche die Entscheidung über die richtige Anwendung der Landesgesetze den obersten Landesgerichten entzogen hätte. So beschränkt sich die richterliche Gewalt der vereinigten Staaten von Nordamerika, nach Art. 3 der Constitution lediglich auf Verletzungen der Verfassung und Gesetze resp. Bündnisse und Verträge der Union, auf Fälle völkerrechtlicher oder internationaler Bedeutung und solche Streitigkeiten, bei welchen verschiedene Staaten oder Bürger verschiedener Staaten in Betracht kommen. Auch die Verfassung der Schweiz vom 8. April 1848, in den das Bundesgericht betreffenden Artikeln 90 f., läßt die Justizhoheit der einzelnen Kantone in Betreff der den Kantonal-Gerichten anheimfallenden Streitigkeiten und Bestrafung der Verbrechen ganz unberührt und hat in Art. 97 nur nicht politische Streitigkeiten zwischen den Kantonen unter sich, zwischen dem Bund einerseits und Kantonen, Korporationen oder Privaten andererseits, sowie Streitigkeiten in Bezug auf Heimathlosigkeit, ferner was Strafsachen betrifft, Verbrechen der Bundesbeamten, Hochverrath gegen die Eidgenossenschaft, Aufruhr und Gewaltthat gegen die Bundesbehörden, Verbrechen gegen das Völkerrecht und diejenigen politischen Verbrechen, welche Ursache oder Folge einer bewaffneten eidgenössischen Intervention sind, — dem Bundesgericht überwiesen, wobei es übrigens (Art. 101) der Bundesgesetzgebung überlassen ist, auch noch andere Fälle in die Kompetenz des Bundesgerichts zu legen. In Uebereinstimmung hiermit haben sich auch die Entwürfe einer deutschen Reichsverfassung von 1848 seq. wie namentlich der sog. Siebzehner-Entwurf vom April 1848 (§. 22—24), die Frankfurter Reichsverfassung vom März 1849, Abschn. V. §. 125—129, der Entwurf der Unions-Verfassung vom Mai 1849, §. 123—127, weit davon entfernt gehalten, die Entscheidung über die richtige Anwendung der Landesgesetze dem Reichsgerichte zuzuweisen und man darf es deshalb als selbstverständlich betrachten, daß es auch den spätern Versuchen zur Einrichtung eines Bundesgerichts, welche in Verbindung mit einer, auf der Linie des Staatenbundes stehen bleibenden, Reform der deutschen Bundesverfassung gemacht worden sind, (wofür in Folge der Dresdener Konferenzen ein besonderer Ausschuß bei der deutschen Bundesversammlung niedergesetzt war) um so weniger darum zu thun sein konnte, die Souveränetät der Einzelstaaten in einer so weit greifenden Weise zu beschränken, oder in Betreff der Justiz-Organisation die Einzelstaaten auf das Niveau der Provinzen eines einfachen oder Einheitsstaats herabzudrücken. Man vergl. den Badischen Antrag im Protoc. der B.-V. vom 3. November 1859, den Antrag der sog. Würzbürger Regierungen vom 14. Aug. 1862 und den dazu gehörigen neuen österreichischen Entwurf auch im Staatsarchiv von Aegidi und Klauhold, Bd. III., Nr. 417—419; endlich auch den sehr im Detail ausgearbeiteten Abschnitt V. der österreichischen Reform-Akte vom August 1863, Art 26—35.

Es läßt sich mithin weder vom rationellen noch vom historischen Standpunkte aus ein irgend wie plausibler Grund dafür erkennen, die Entscheidung über die richtige Anwendung der Landesgesetze einem, resp. dem obersten Reichsgerichte zu übertragen und es kann dabei selbstverständlich auch keinen Unterschied machen, ob die sog. unrichtige Anwendung in der unrichtigen Subsumtion des Faktums oder, woran wohl vorzugsweise bei der

Stellung der Frage gedacht ist, in der unrichtigen Auffassung oder Interpretation des Gesetzes besteht.

Was aber die in der aufgestellten Frage weiter erwähnten Reichsgesetze betrifft, so muß bei der gutachtlichen Beantwortung zwischen den Reichsgesetzen selbst wieder unterschieden werden, insbesondere zwischen solchen, welche das Reich selbst oder dessen eigene Angelegenheiten betreffen, oder innere Verhältnisse der Einzelstaaten ordnen.

1. Was zunächst die letzteren betrifft, so können und müssen sie, einerlei ob sie politischer, privatrechtlicher oder strafrechtlicher Natur sind, wenigstens insoweit sie nicht zugleich einen internationalen Charakter in der Art haben, daß die verschiedene Rechtsanwendung Rechte oder Interessen anderer Gliederstaaten zu verletzen geeignet ist, — nach unserer Ansicht, wenn man sich nicht von einer unberechtigten unitarischen Tendenz bestimmen lassen will, in einem politischen Gesammtkörper, wie der norddeutsche Bund war und das jetzige deutsche Reich ist, ganz wie diejenigen Gesetze behandelt werden, welche auch ihrem Ursprung nach bloße Landesgesetze sind. Insofern sind wir entschieden der Ansicht, daß auch die vielfach gewünschte und vom Reichstag befürwortete Codification des ganzen Civilrechts ebensowenig nothwendig eine Aenderung der Gerichtsverfassung mit Begründung einer obersten Reichsgerichtsbarkeit im Allgemeinen zur Folge haben muß, als dies bis jetzt vermöge der durchgeführten Codification des Strafrechts der Fall gewesen ist. Allein, sowie es ohne Zweifel, wie uns auch die bestehenden oder im Entwurf vorliegenden Bundesstaats-Verfassungen belehren, gewisse Strafrechtsfälle giebt, für welche die Einrichtung einer von den Einzelstaaten unabhängigen Bundes- oder Reichsjurisdiktion als eine dringende politische Forderung erscheint, worauf wir unten noch zurückkommen werden, so wird sich auch für eine Mehrzahl der dem Gebiete des Civilrechts angehörigen Rechts- resp. sog. Administrativ-Justizsachen eine gleiche Forderung geltend machen lassen. Wollte man aber gegen die hier aufgestellte Regel geltend machen, daß die durch die Reichsgesetzgebung auf den fraglichen Gebieten bezweckte und erlangte Rechtseinheit dadurch wieder durchbrochen werden könne, wenn man die Anwendung dieser Gesetze bloß den Landesjustizhöfen überlassen wollte, so würde dies theils an sich kein genügender Grund sein, um die nach dem Wesen der Reichsverfassung den Einzelstaaten gebührende Selbstständigkeit auf dem Gebiete der Justiz ganz zu entziehen, theils kommt dagegen in Betracht, daß sich der befürchtete Nachtheil divergirender oder disharmonischer Entscheidungen der Landesgerichte durch andere Mittel zur Genüge beseitigen läßt. Dazu gehört theils, daß bei hervorgetretenen Kontroversen durch die Reichsgesetzgebung leicht der Streit beseitigt werden kann; theils ließe sich, unter Anknüpfung an die, in der Verfassung Art. 4 für die daselbst

bezeichneten Angelegenheiten dem Reiche beigelegte Oberaufsichtsberechtigung, die Einrichtung treffen, daß bei abweichenden Entscheidungen der obersten Gerichtshöfe verschiedener Bundesstaaten, von einem, mit der Ueberwachung der Rechtspflege für diesen Zweck betrauten, Reichsbeamten, oder dem beim obersten Gerichtshof des Reichs zu bestellenden Reichs-General-Prokurator die abweichenden Entscheidungen an das Plenum dieses obersten Gerichtshofs gebracht würden, damit von diesem ein, nun alle Landesgerichte bindendes, Präjudiz erlassen werde; eine Einrichtung, die mit der secundum quid fortdauernden Selbstherrlichkeit der deutschen Bundesstaaten doch gewiß viel mehr vereinbar sein dürfte, als die Einrichtung einer obersten — also die obersten Gerichtshöfe der Länder degradirenden oder beseitigenden — Reichsinstanz. Was dagegen

2. Reichsgesetze anderer Art betrifft, mögen sie nun das Reich selbst und seine Verfassung, seine Organe, Institute, Beamten oder Einrichtungen und Verhältnisse betreffen, welche eine gleichförmige, selbstständige und von dem guten Willen der Einzelstaaten unabhängige Handhabung der darauf bezüglichen Gesetze, ihrer Natur nach, erheischen, so erkennen wir dafür die Begründung einer eigenen, sei es ausschließlich oder in oberer Instanz eingreifenden, Gerichtsbarkeit des Reichs und ihre Ausübung durch ein eigenes Reichsgericht als eine nothwendige politische und rechtliche Anforderung vollständig an. Anfänge dazu liegen ja auch bereits in der bestehenden Reichsgesetzgebung und den dadurch begründeten Institutionen vor. Sie sind aber ungenügend und müssen in verschiedenen Beziehungen eine Erweiterung und wesentliche Ergänzung erhalten, wobei die für bestehende oder projektirte Bundes- oder Reichsgerichte aufgestellten Satzungen als Vorbild gebraucht werden können.

Der Verfasser dieses Gutachtens, welcher bereits als Mitglied des sog. Vertrauens-Kollegiums 1848 den betreffenden Abschnitt des Siebzehner-Entwurfs zu entwerfen gehabt hat, kann hier zunächst und im Allgemeinen nur den Antrag wiederholen, welchen er bei Berathung der norddeutschen Bundesverfassung im sog. konstituirenden Reichstag von 1867 gestellt hatte.*)

*) Mein Antrag ging dahin, unter Beseitigung des Art. 70 des Entwurfs an dessen Stelle zu setzen:

„Es wird ein ständiges Bundesgericht eingesetzt, zu dessen Zuständigkeit gehören sollen:

1) die im Art. 69 dem Oberappellationsgericht zu Lübeck provisorisch zugewiesenen Strafsachen;
2) Streitigkeiten zwischen Bundesgliedern, sofern nicht deren Erledigung in Gemäßheit dieser Verfassung zur Kompetenz des Bundes-Präsidiums oder des Bundesraths gehört;
3) Verfassungs-Streitigkeiten in solchen Bundesstaaten, in deren Verfassung

Er hält es fortwährend für nothwendig, daß allen Streitigkeiten, welche auf einem bundesstaatlichen oder Reichs-Gebiete vorkommen können und eine rechtliche Erledigung erheischen, eine solche auch wirklich zu Theil werde, glaubt aber auch geltend machen zu müssen, daß es, außer den bereits in jenem Antrag unter Nr. 1 bezeichneten Strafsachen, auch eine Mehrzahl von Civilsachen giebt, welche, wenn sie auch an sich als der Landesjustizgewalt anheimfallend betrachtet werden können, doch aus in ihrer eigenen Natur liegenden Gründen der Kompetenz des Reichsgerichts zugewiesen werden müssen.

Was die das Reich unmittelbar betreffenden oder berührenden Strafsachen betrifft, so kann es unmöglich auf die Dauer bei der im Art. 75 der Reichsverfassung gegebenen provisorischen und interimistischen Bestimmung sein Bewenden behalten; auch wird unseres Erachtens die Kompetenz des Reichsgerichts nicht auf die dem Gebiete des Hoch- oder Landesverraths angehörigen Fälle beschränkt werden dürfen, sondern es müssen alle Fälle des Art. 74 und außerdem auch alle Verbrechen und Vergehen der Reichsbeamten, insoweit sie nicht durch das jetzt zu erwartende Reichsgesetz den einzurichtenden Disciplinar-Gerichtshöfen zugewiesen werden, in die Kompetenz des Reichsgerichts gezogen werden. Denn es ist einleuchtend genug, daß da, wo es sich um Angriffe auf die Existenz, die Selbstständigkeit, die Integrität, die Rechte und Interessen des Reichs selbst handelt, die Bestrafung nicht in das Belieben der Einzelstaaten gestellt, oder ihrem guten oder schlechten Willen überlassen werden darf, sondern das Reich muß in solchen Fällen seine eigene Strafjustiz haben. Auch kann und muß

---

nicht eine Behörde zur Entscheidung solcher Streitigkeiten bestimmt ist, nachdem auf Anrufen des einen Theils der Bundesrath fruchtlos die Vermittelung versucht hat;

4) Streitigkeiten über Thronfolge, Regierungsfähigkeit und Regentschaft in den Einzelstaaten;
5) Beschwerden wegen verweigerter oder gehemmter Rechtspflege, wenn die landesgesetzlichen Mittel der Abhülfe erschöpft sind;
6) Entscheidung über privatrechtliche Ansprüche gegen den Bund;
7) Entscheidung über privatrechtliche Ansprüche gegen mehrere Bundesstaaten, sofern die Frage, ob oder in welchem Maaße die einzelnen Staaten verpflichtet seien, zweifelhaft oder bestritten ist."

„Ueber die Einsetzung und Organisation des Bundesgerichts, über das Verfahren bei demselben und die Vollziehung der bundesgerichtlichen Entscheidungen wird ein mit dem Reichstag zu vereinbarendes Gesetz die näheren Bestimmungen treffen."

„Bis zum Erlaß dieses Gesetzes tritt das gemeinschaftliche Oberappellationsgericht zu Lübeck auch für die in diesem Artikel unter 2—7 bezeichneten Angelegenheiten provisorisch als Bundesgericht ein."

damit der handgreifliche Uebelstand beseitigt werden, daß nach dem gegenwärtigen Rechtszustand selbst bei Verbrechen gegen Kaiser und Reich das Begnadigungsrecht noch in der Hand der Souveräne und Senate der Einzelstaaten liegt, da die norddeutsche Bundes- und die jetzige deutsche Reichsverfassung das Begnadigungsrecht ganz unberührt gelassen hat, so daß auch jetzt noch dem einheitlichen Reichsstrafgesetz ein fünfundzwanzigfaches Begnadigungsrecht gegenüber steht, und der Kaiser als Bundesoberhaupt überhaupt gar kein Begnadigungsrecht hat. Nun sind wir zwar keineswegs der Ansicht, daß den Souveränen der Einzelstaaten das Begnadigungsrecht überhaupt von Reichswegen beschränkt oder entzogen werden soll; allein eine Bestimmung, wie sie schon der Siebzehner-Entwurf §. 24 und die Frankfurter Reichsverfassung §. 81 enthielt, die Bestimmung nämlich, daß in den, dem Reichsgericht zugewiesenen Strafsachen das Begnadigungsrecht dem Kaiser ausschließlich gebühre, muß unseres Erachtens, nothwendig auch in die deutsche Reichsverfassung aufgenommen werden.

Uebrigens glauben wir, daß es bei der Regulirung der Kompetenz des Reichsgerichts verdiene, in ernstliche Erwägung gezogen zu werden, ob nicht überhaupt die in den vier ersten Abschnitten des zweiten Theils des Strafgesetzbuchs für das deutsche Reich (§. 80—104) bedrohten Verbrechen und Vergehen der Gerichtsbarkeit des Reichsgerichts zuzuweisen seien. Denn es ist doch klar, daß die politische Selbstständigkeit und die Verfassung des Reichs und der Einzelstaaten, ihre internationalen Verhältnisse u. s. w. in der innigsten Verbindung und Wechselwirkung zu einander stehen, daß gerade bei diesen Bestimmungen die staatsrechtliche Auffassung von den zu einem politischen Gesammtkörper vereinigten Gliedern des Reichs besonders maßgebend gewesen ist, und daß gerade hier auch die gesetzliche Definition von „Ausland" im §. 8 des deutschen Strafgesetzbuchs ihre besondere Bedeutung hat.

In Betreff der Civilsachen, zu denen auch die in dem obenerwähnten Antrage hervorgehobenen Streitigkeiten gehören, welche der Justizhoheit eines Einzelstaats an sich nicht als unterworfen betrachtet werden können, bedarf es wohl kaum der Bemerkung, daß diejenigen, welche durch die bestehende Reichsgesetzgebung dem Leipziger Bundes- oder Reichsoberhandelsgericht zugewiesen sind, auch dem Reichsgericht mit erweiterter Kompetenz verbleiben müssen. Wir glauben aber auch andererseits, daß, in Beziehung auf die an sich der Landesjustiz anheimfallenden Justizsachen, damit dem wirklichen Bedürfniß vorläufig Genüge geleistet sei und daß es der Gesetzgebung des Reichs vorbehalten bleiben müsse, für einzelne Fälle, wo sich ein gemeinsames Interesse und Bedürfniß geltend machen sollte, eine Erweiterung der reichsgerichtlichen Kompetenz eintreten zu lassen, was denn freilich immer nur in der im Art. 78 der Reichsverfassung für Verfassungs-Aenderungen vorgesehenen Form würde geschehen können. Nähere Veranlassung zur genauern Erörterung dieser Frage wird sich aber erst dann ergeben, wenn die dem Reiche bereits beigelegte Befugniß zur Gesetzgebung über das Obligationenrecht zur Ausübung gelangt, oder man im Reiche dahin gekommen sein sollte, wozu freilich vorläufig wenig Aussicht vorliegen dürfte, das ganze Civilrecht einer reichsgesetzlichen Codification zu unterwerfen.

Uebrigens sollten wir, ganz unabhängig von der Frage über den zukünftigen Umfang der Gerichtsbarkeit des Reichs, meinen, daß es bereits an der Zeit sei, dem sog. Reichsoberhandelsgericht zu Leipzig die Bezeichnung als oberstes Reichsgericht beizulegen, da schon vermöge der ergangenen Reichsgesetze, wodurch demselben die Befugnisse eines obersten Gerichtshofs für Consulargerichtsbarkeits-Sachen (22. April 1871) übertragen worden sind und die Eigenschaft des obersten Gerichtshofs für Elsaß-Lothringen für dasselbe begründet worden ist (14. Juni 1871), ein Anspruch darauf begründet sein dürfte.

II.

Antwortschreiben des Justizraths v. Groddeck zu Bromberg

auf die Aufforderung zur Erstattung eines Gutachtens über die Gesetzgebungsfrage:

„Soll die Entscheidung über die richtige Anwendung der Landesgesetze den obersten Landesgerichten überlassen und nur die Entscheidung über die richtige Anwendung der Reichsgesetze dem höchsten Reichsgerichte zugewiesen werden? oder in welcher Weise soll die Competenz des höchsten Reichsgerichts überhaupt begrenzt werden?"

Zu einer eingehenden Eröterung der Gesetzgebungsfrage, worüber Sie Namens der ständischen Deputation des Juristentages in Ihrem Schreiben vom 8. d. M. mich zur Erstattung eines Gutachtens aufzufordern die Güte haben, weiß ich mir das erforderliche Material nicht zu beschaffen. Die Wahrung der Rechtseinheit, um deren Willen allein ein Reichsgericht nöthig ist, kann nicht dadurch erreicht werden, daß die letztinstanzliche Entscheidung aller Rechtsstreitigkeiten einem Reichsgericht zugewiesen wird. Die nur örtliche und äußerliche Vereinigung der Reichsrichter und von ihnen zu bildenden Abtheilungen würden wegen ihrer unter jenen Voraussetzungen erforderlichen außerordentlich großen Zahl kaum etwas zur Wahrung der Rechtseinheit in deren Entscheidungen beitragen. Soll diese erzielt werden, so darf die Zahl der Reichs-Gerichts-Mitglieder und -Abtheilungen eine gewisse ziemlich enge Grenze nicht überschreiten und muß also auch die Menge der ihrer Entscheidung zuzuweisenden Rechtsstreitigkeiten verhältnißmäßig beschränkt, die Wirksamkeit aber ihrer dann rechtseinheitlichen Entscheidungen durch Veröffentlichung ihrer Präjudizien mittelbar auch auf die von der Kognition des Reichsgerichts ausgeschlossenen Rechtsstreitigkeiten ausgedehnt werden. Wie groß die höchste Zahl von Mitgliedern des Reichsgerichtes und danach auch der von diesen jährlich zu entscheidenden Prozessen zweckmäßig sein darf, darüber fehlt mir es an Erfahrung. Zur Beurtheilung dessen ließe sich vielleicht das erforderliche Material vom Preußischen Ober-Tribunal beschaffen. Aber damit ist es nicht gethan. Denn es käme dann darauf an, solche Competenz-Beschränkungsvorschriften vorzuschlagen, durch welche in regelmäßigen Perioden durchschnittlich auch gerade die zweckmäßige Zahl von Rechtsstreitigkeiten wenigstens annähernd, wesentlich, nicht mehr noch minder, zur Entscheidung des Reichsgerichts gelangen. Zur Beurtheilung dessen wäre ein statistisches Material aus dem ganzen deutschen Reiche erforderlich, welches zu beschaffen und zu verarbeiten wenigstens in der Zeit bis zum 1. Mai 1872 mir unmöglich ist. Außerdem würde dadurch die Förderung einer von mir bereits vorgenommenen andern größern Arbeit beeinträchtigt, deren Vollendung ebenfalls an bestimmte Zeit gebunden ist. Darum bin ich nicht im Stande, in diesem Sinne dem mich ehrenden Vertrauen der ständischen Deputation des Juristentages durch Erstattung des verlangten Gutachtens zu entsprechen.

Käme es aber nur auf eine Erörterung der Gesichtspunkte im Allgemeinen an, welche für die Competenzvorschrift zweckmäßig in Betracht zu ziehen sind, so scheinen mir dazu wenige Bemerkungen ausreichend. Ich nehme keinen Anstand, diese hier folgen zu lassen und überlasse es Ihrem geneigten Ermessen, ob dieselben für den Juristentag an Stelle eines wirklich speziell eingehenden Gutachtens verwendbar sind.

Vorweg muß ich den manchmal erhobenen Einwand für unbegründet erachten, daß die Wahrung der Rechtseinheit nur im öffentlichen Interesse nicht aber im Interesse der streitenden Parteien läge, vielmehr diesen ganz gleichgültig sein könne. Die Wahrung der Rechtseinheit ist durch das Wesen des Rechts als der für Alle gleichen Regel des Verhaltens gefordert. Wenn es überhaupt das Interesse der Parteien ist, daß denselben durch den Richterspruch ihr Recht werde, so ist es auch in ihrem Interesse, daß die Richtersprüche nicht nach verschiedener, sondern nach stets gleicher Auffassung des Rechts, so weit es als gleiches gilt, geschehe. Nur dadurch wird den Parteien ihr wirkliches, nicht blos formelles Recht.

Dem Zwecke entsprechend sind von der Entscheidung des Reichsgerichts alle gegen die Feststellung der thatsächlichen Grundlagen der Entscheidung gerichteten Beschwerden insoweit auszuschließen, als sie nicht auf Verletzung der Reichs-Prozeß-Ordnung gegründet werden. Diese Beschränkung ist in den aus dem Preußischen Justiz-Ministerium hervorgegangenen Entwurf einer deutschen Civil-Prozeß-Ordnung aufgenommen.

Außer dieser Beschränkung bietet sich noch eine zweite unmittelbar aus dem Zwecke selbst sich ergebende dar, nämlich die Beschränkung auf solche Rechtsnormen, welche im ganzen Reichsgebiet Geltung haben. Denn zur Wahrung der Rechtseinheit in Betreff partikularer Rechtsnormen von beschränkterem Geltungsbereiche bedarf es nicht eines Reichsgerichtes, sondern genügen letztinstanzliche Gerichtshöfe von entsprechend beschränkterem Gerichtsbarkeitsumfange. Dieser Erwägung trägt theilweise der im §. 479 des erwähnten deutschen Prozeß-Ordnungs-Entwurfs Rechnung, da nach demselben Beschwerden über Nichtanwendung oder nicht richtige Anwendnng solcher Rechtsnormen, welche sich nicht über das Gebiet eines Oberlandes-Gerichts erstrecken, nur insoweit, als dadurch ein Reichsgesetz verletzt ist, vor das Reichsgericht gebracht werden dürfen.

Allein diese Beschränkung kann nur von sehr geringer Wirkung für die Mäßigung der Menge der zur Entscheidung des Reichsgerichts gehörigen Rechtsstreitigkeiten sein. Sähe man dabei allein auf den Inhalt der Rechtsnormen, — was man sowohl dem Wortlaute als auch dem Zwecke gemäß müßte, — so würde die Anzahl der Rechtsnormen, welche nicht allgemeine Geltung im ganzen Reichsgebiete haben, eine ganz außerordentlich kleine sein, denn der größte Theil der auch in Partikularcodices enthaltenen Rechtsnormen stimmt mit den in ganz Deutschland geltenden überein. Sähe man aber selbst in Betreff der Ausdehnung des Geltungsbezirks nicht auf den Inhalt der Rechtsnorm, sondern nur auf den äußerlichen Gesetzgebungsakt, durch welchen staatlich die Geltung anerkannt ist — und dies ist nach der dem Entwurf beigegebenen Begründung unzweifelhaft gemeint — so würden zwar die Verletzungen von Vorschriften, z. B. der mecklenburgischen Hypotheken-Ordnung und des Königl. sächsischen bürgerlichen Gesetzbuchs, indessen auch diese nur dann, wenn sie in den Erkenntnissen, beziehungsweise des Großherzoglich mecklenburgischen oder des Königl. sächsischen Ober-Landes-Gerichts, keineswegs auch, wenn sie in Erkenntnissen anderer Oberlandesgerichte vorkämen, von der Kognition des Reichsgerichts ausgeschlossen sein, dagegen vor dasselbe alle Verletzungen nicht allein der umfassenderen Partikularrechte, als des sogenannten gemeinen Rechts, welches jetzt in Deutschland nur noch partikulare Geltung hat, des preußischen Allgemeinen Landrechts und des Code Napoléon mit allen preußischen Allgemeinen Gesetzen, sondern auch z. B. das lübische Recht der Joachimica u. s. w. gehören, was in der Begründung des Entwurfs selbst anerkannt ist. Demnach kann die Zahl der durch jene Beschränkung von der Kognition des Reichsgerichts ausgeschlossenen Rechtsnormen und Prozesse nicht der Rede werth sein. Offenbar geht auch diese Vorschrift in diesem Sinne über den Zweck hinaus, da sie das Reichsgericht nicht nur mit universellen, sondern in überwiegender Menge auch mit nur partikularen Rechtsnormen befaßt. Veranlassung zu dieser Inkonsequenz ist die Beschränkung der 3. Instanz auf das Reichsgericht. Nun hat aber die Wahrung der Rechtseinheit mit dem Bedürfnisse einer 3. Instanz keinen nothwendigen Zusammenhang. Allerdings ist die Beschränkung der Thätigkeit des Reichsgerichts auf Entscheidungen in 3. Instanz praktisch rathsam zur zweckentsprechenden Mäßigung seiner Geschäfte. Aber umgekehrt ist das Bedürfniß einer 3. Instanz überhaupt nicht durch die Wahrung der Rechtseinheit, sondern allein dadurch bedingt, daß, wenn die Entscheidungen zweier Gerichte in demselben Streite hinsichtlich der rechtlichen Beurtheilung von einander abweichen, dann die Wahrscheinlichkeit, daß die zweite Entscheidung richtiger als die erste sei, nicht vorhanden ist und nur durch ein superarbitrium die Wahrscheinlichkeit richtiger Entscheidungen herbeigeführt werden kann. Dies kommt aber eben so oft und leicht in Betreff der engsten Partikularnormen, wie ganz universeller Rechtsnormen vor. Daher ist kein Grund vorhanden, die 3. Instanz auf Beseitigung von Verletzungen nur in ausgedehnteren Gebieten geltender Normen zu beschränken, vielmehr ist es eine ungerechte Ungleichheit, durch solche Beschränkung die Rechtsstreitigkeiten, in welchen Entscheidungen z. B. des Königl. sächsischen Oberlandesgerichts von der Entscheidung eines sächsischen Kollegialgerichts erster Instanz in Betreff einer Vorschrift des Königlich sächsischen bürgerlichen Gesetzbuchs, abweicht, sofern dadurch nicht zugleich ein Reichsgesetz verletzt ist, von jeder 3. Instanz auszuschließen, während wegen Verletzung einer Norm z. B. des Code Napoléon bei Abweichung der beiden ersten Erkenntnisse von einander stets eine 3. Instanz zuläßig sein würde. Sowohl diese Ungerechtigkeit als auch eine erhebliche und zwar unnöthige Belastung des Reichsgerichts würde vermieden, wenn für die 3. Instanz gegen Verletzung aller nur partikularer Normen durch Erkenntnisse der Oberlandesgerichte, welche Kollegialentscheidungen 1. Instanz aufheben, in den Gebieten solcher Partikulargesetzgebungen, welche von dem Bezirke eines Oberlandes-Gerichts umfaßt werden, besondere Oberrevisions-Senate, in umfassenderen Partikularrechtsgebieten aber besondere Oberrevisionsgerichte eingesetzt und die Kognition des Reichsgerichts allein auf die Verletzung ausdrücklicher Reichsgesetze beschränkt würde. Dabei empföhle sich zur Vermeidung von verhängnißvollen Fehlgriffen der Parteien in Anrufung des richtigen Gerichts 3. Instanz eine den §§. 18 und 19 des Bundes-Gesetzes vom 12. Juni 1869 über das Oberhandelsgericht mit der Aenderung nachzubildende Vorschrift, daß in Betreff der Unzuständigkeit des Reichsgerichts oder eines andern Gerichts 3. Instanz die Entscheidung des Reichsgerichts allein maßgebend ist. Auf diese Weise würde dem gerechtfertigten Bedürfnisse einer 3. Instanz auf's vollständigste genügt und zugleich die Rechtseinheit in Betreff aller Normen je nach der Universalität ihrer Geltung entsprechend gewahrt werden. Freilich würden manche universelle Normen aus den Rechtsmaterien, welche nicht der Reichsgesetzgebung unterliegen, von der Kognition des Reichsgerichts ausgeschlossen bleiben. Da aber außer dem Handels-, Wechsel- und Strafrecht auch das Obligationenrecht der Reichsgesetzgebung unterliegt, so würde die Ausschließung dauernd nur solche Rechtsgebiete treffen, in denen wie in den dinglichen Rechten, Erbrecht und Familienrecht die partikularen Normen weitaus überwiegen.

Da aber einmal Beschränkungen nothwendig sind, so eignen sich dazu diese Rechtsgebiete am Besten, ebenso wie die etwaigen Verletzungen von Reichsgesetzen, welche durch gleichlautende Erkenntnisse beider Instanzen sollten begangen werden.

Freilich würden alle diese Beschränkungen zur genügenden Mäßigung der Arbeit und damit der erforderlichen Richterzahl für das Reichsgericht nicht ausreichen, wenn nicht noch die vermögensrechtlichen Streitigkeiten über unbedeutendere Beträge ebenfalls ausgeschlossen würden. Der deutsche Civil-Prozeß-Ordnungs-Entwurf fügt zu den vorgedachten Beschränkungen noch die Ausschließung der vor die Einzelrichter in erster Instanz gehörigen Streitigkeiten von der 3. Instanz überhaupt hinzu. Ich meine, daß um der Rechtsgleichheit willen auch die vor die Handelsgerichte gehörigen Prozesse von gleich geringen Beträgen ausgeschlossen werden müßten.

Die letztgedachte Beschränkungsart, welche den Werth des Streitgegenstandes betrifft, ist die einzige dehnbare. Daher würde es erforderlichen Falls möglich sein und sich empfehlen, außer den Streitigkeiten von ursprünglich so geringem Betrage, auch die Beschwerden von so geringen Beträgen in Prozessen von ursprünglich höherem Belange von der 3. Instanz auszuschließen, ja sogar die Ausschließungsgrenze für beide noch höher zu setzen.

Mit diesen Maßgaben erachte ich die Bestimmungen des preußischen Ministerial-Entwurfs einer deutschen Civil-Prozeß-Ordnung über die Oberrevision in Betreff der Kompetenz des Reichsgerichts für zweckmäßig.

III.

Gutachten des Bezirksgerichtsdirektors Stöckel zu Freiberg i/S.

über die Gesetzgebungsfrage:

„Soll in den Strafgerichten höchster Ordnung an die Stelle des Gerichtshofes und der Jury ein einheitliches Collegium von Juristen und Laien treten und in welchem Zahlenverhältnisse sollen beide Elemente vertreten sein?"

Nachdem auf dem (neunten) deutschen Juristentage zu Stuttgart im Jahre 1871 in der 3. Abtheilung bei längerer Berathung der Meyer'sche Antrag:

„den Schöffen ist das Richteramt in seinem vollen Umfange zu übertragen"

mit Mehrheit Annahme gefunden hat, ist für Denjenigen, welcher die ausgedehnteste Durchführung des Schöffeninstituts vertritt, die Beantwortung der obgedachten Frage bereits wesentlich erleichtert.

Es bedarf namentlich nicht eines Zurückkommens auf die entgegenstehenden Ansichten, welchen beim Zustandekommen des obgedachten Beschlusses bereits ausreichend Raum geboten gewesen ist, principiell gegen die soweit als möglich gehende Thätigkeit des Laienelements in den Strafgerichten sich auszusprechen.

Verfasser ist auf Grund seiner Erfahrungen in der Strafrechtspflege zu der Ueberzeugung gelangt, daß es im Interesse einer guten, prompten und humanen Strafrechtspflege liege, nichtrechtsgelehrten, aus der Mitte des

Volks berufenen Richtern eine wesentliche Mitwirkung bei Aburtheilung der Strafsachen jeder Art, also bei den Gerichten höchster, mittler und niederer Ordnung, zuzuweisen; für ihn ist deshalb der obige Beschluß zur Beantwortung der gestellten Frage eine Grundlage, deren Festigkeit dadurch nicht beeinträchtigt werden dürfte, daß der gedachte Abtheilungsbeschluß zunächst nur für die Gerichte mittler und unterster Ordnung die Schöffengerichte als Form der ausgedehnten Mitwirkung des Laienelements bei Aburtheilung aller Strafrechtsfälle empfiehlt. Dabei ist jedoch vorauszuschicken, daß nur der Grundsatz: durch Mischung von nicht technisch juristisch gebildeten Männern aus dem Volke mit rechtsgelehrten Richtern bei Zusammensetzung aller Strafgerichte sowohl eine größere Betheiligung der Staatsbürger an der Rechtspflege, als auch eine in jedem einzelnen Falle möglichst gerechte individualisirende Beurtheilung der Schuldfrage zu sichern, zu dieser Ueberzeugung geführt hat, und daß namentlich weder eine Abneigung gegen das Geschworneninstitut, noch eine besondere Vorliebe für die Schöffengerichte im engeren Sinne hierbei wirksam gewesen ist. Vielmehr hat die Erfahrung lediglich die Mißstände kennen lernen lassen, welche sowohl der einen, als der andern Form der Mitwirkung des Laienelements bei der Strafrechtspflege anhaften und es ist daher die gewonnene Ueberzeugung wesentlich darauf gerichtet, daß für die Mitwirkung der Laien bei der Strafrechtspflege ein Weg gefunden werden könne, auf welchem jene Mißstände thunlichst beseitigt, die Vortheile aber, welche sowohl die Jury als die Schöffengerichte bieten, möglichst erhalten werden.

Von diesem Standpunkte aus wird der erste Theil der gestellten Frage hiermit bejaht.

Schöffen, denen das Richteramt im vollen Umfange übertragen wird, sind nicht mehr Schöffen im engen, modernen Sinne des Worts. Die jetzt bestehenden Organisationen der Strafgerichte, bei denen Gerichtsschöffen fungiren, kennen eine so ausgedehnte richterliche Stellung der Gerichtsschöffen noch nicht. Wird der eingangsgedachte Beschluß der 3. Abtheilung des 9. Juristentags daher als Grundlage genommen, wie dieß Verfasser aus Ueberzeugung thut, so folgt die Nothwendigkeit, Alles, was jetzt durch die separate Stellung der Gerichtsschöffen bedingt war, aus der Organisation herauszunehmen, weil die Schöffen nunmehr Voll-Richter geworden sind, und demnach für die rechtsgelehrten Richter und die Laienrichter ein Zusammenwirken in einheitlichen Richterkollegien zu ermöglichen.

Es kann nicht Richter zweierlei Art geben; ist man einmal bis zu der Anschauung vorgedrungen, den Schöffen, d. i. den Laien, wie sie zeither in den Strafgerichten mittler und unterer Ordnung bei der Strafrechtspflege mitgewirkt haben, „das Richteramt in seinem vollen Umfange zu übertragen", hat man demnach den rechtsgelehrten, ständigen Richter nur als technisch juristisches Element, dem eine bleibende Stelle im Richtercollegium angewiesen ist, betrachtet, neben welchem das Laienelement zwar mit wechselnden Personen, aber mit gleicher richterlicher Machtvollkommenheit wirken soll, dann erübrigt nur die Möglichkeit eines einheitlichen Richterkollegiums von Juristen und Laien, d. i. Gleichstellung und gleiche Thätigkeit der ständigen und der wechselnden Richter und rechtsgelehrter und nicht rechtsgelehrter Befähigung.

Zunächst würden nun diese Konsequenzen zwar nur für die Gerichte mittler und unterster Ordnung gelten, für welche gleichzeitig die 3. Abtheilung des 9. Juristentags die Form der Schöffengerichte empfohlen hat.

Für die Jury ist das Richteramt in seinem vollen Umfange der Natur der Sache nach nicht denkbar. Geschworne, denen das Richteramt in seinem vollen Umfange übertragen wäre, würden aufhören, Geschworne zu sein, und, gleich den Schöffen mit voller, richterlicher Thätigkeit, Richter werden.

Es muß aber die Wirksamkeit jener Konsequenzen auch auf die Gerichte höchster Ordnung ausgedehnt und namentlich auch das Institut der Jury davon berührt werden; die Mitwirkung des Laienelements bei der Strafrechtspflege in so veränderter Gestaltung und Umgestaltung zur vollen richterlichen Thätigkeit kann nicht ohne Einfluß auf das Geschworneninstitut bleiben.

War bisher die Jury und die aus Gerichtsschöffen bestehende Majorität des Gerichts nur bei Beantwortung der That- oder Beweisfrage thätig, war also dem mitwirkenden Laienelemente nur ein Theil der richterlichen Funktionen ausnahmsweise zugewiesen, so versteht es sich fast von selbst, daß mit dem Fallen dieser Ausnahmestellung hinsichtlich der Gerichtsschöffen auch die Vertretung des Laienelements durch die Jury nicht mehr in der zeitherigen exceptionellen Beschränkung fortbestehen darf, sondern daß die allgemeine Regel: „die Uebertragung des vollen Richteramtes an die Laien bei ihrer Mitwirkung in den Strafgerichten", wie sie die Stellung der Gerichtsschöffen vollständig anders gestaltet hat, so auch die Thätigkeit der Geschwornen ihrer Einschränkung entheben und zu einer Handhabung des vollen Richteramtes hinsichtlich der Mitwirkung der Laien bei den Strafgerichten höchster Ordnung führen muß.

Die Beibehaltung der Jury bei den Strafgerichten höchster Ordnung und die Mitwirkung von Gerichtsschöffen mit voller richterlicher Amtsfunktion bei den Strafgerichten mittler und unterster Ordnung würden sonst zu Resultaten führen, die offenbar mit den Zielen, welche eine allgemeine Betheiligung des Laienelements an der Strafrechtspflege erreichen soll, im Widerspruch stehen würden.

Es wird hier nicht sowohl darauf Gewicht gelegt, daß dann bei den minder wichtigen Sachen die Laien als Richter mit dem Richter, bei den schwersten Fällen aber nur als Helfer bei Entscheidung der Thatfrage für den neben ihnen stehenden Richter thätig sein würden und daß daher eine Durchführung des Prinzips in einer völlig einheitlichen Organisation mangeln würde.

Aber es ist doch sicherlich nicht zu verkennen, daß, wenn es als Postulat einer Verbesserung der Rechtspflege angesehen wird, den Laien, welche bei den Strafgerichten mittler und unterer Ordnung mitwirken, das volle Richteramt zu übertragen, den bei den Strafgerichten höchster Ordnung thätigen Volksrichtern schon aus dem Grunde wird gleiche Machtvollkommenheit beigelegt werden müssen, weil sonst die Wohlthat der Institution, der Nutzen, den sie der Strafrechtspflege bringen soll, der Fortschritt in der unbefangenen Aburtheilung der kriminell strafbaren Verschuldung zwar den minder schweren und leichten Graden, (der Uebertretung und dem Vergehen und den Verbrechen minder schwerer Art, um mit der technischen Dreitheilung zu reden) nicht aber dem schwersten Grade (den schwersten Verbrechen) zu Gute kommen würde.

Es würde sonst die auffallende Anomalie eintreten, daß der Angeschuldigte vor den Gerichten mittler und beziehentlich unterer Ordnung einem Richterspruch unterstellt wäre, bei welchem rechtsgelehrte Richter und Laienrichter gleichmäßig über die Beweisfrage, die rechtliche Unterstellung unter das Gesetz, die Bemessung der Strafe nach Strafart und Dauer, das Vorhandensein mildernder Umstände, die Aberkennung der Ehrenrechte ꝛc. sich schlüssig geworden wären, während der Angeschuldigte vor einem Gerichte höchster Ordnung nur hinsichtlich der That- oder Beweisfrage auf die Entscheidung und die Anschauung der Laien einen Anspruch hätte, im Uebrigen aber dem Spruch der rechtsgelehrten Richter allein unterworfen wäre. Dies würde zu einer Ungleichheit führen, die um so fühlbarer hervortreten würde, je mehr die Mitwirkung von Laien bei dem ganzen, vollen Richterspruche eines Strafgerichts als eine Verbesserung der Strafrechtspflege im Interesse des Angeschuldigten angesehen wird. Verfasser ist daher der Meinung, daß die Bejahung der Frage, ob in den Strafgerichten höchster Ordnung an die Stelle des Gerichtshofs und der Jury ein einheitliches Kollegium von Juristen und Laien treten soll? dann nicht mehr zweifelhaft ist, wenn dem bei der Strafrechtspflege mitwirkenden Laien das Richteramt in seinem vollen Umfange übertragen werden soll.

Hauptsächlich aber, und nicht bloß aus Konsequenz letztgedachten Prinzips, ist die Bejahung dieser Frage deshalb geboten, weil damit der Weg angebahnt wird, auf welchem eine Anzahl Unzuträglichkeiten, die mit der Vertretung des

Laienelements in den Strafgerichten höchster Ordnung durch die Jury verbunden sind, beseitigt werden können, ohne die Vortheile, die mit der Jury verbunden sind, einzubüßen, ja, auf welchem vielmehr jene Vortheile erheblich vermehrt werden können. Hier wird es aber zweckmäßig sein, Einiges vorauszuschicken, was für die Beantwortung des zweiten Theiles der gestellten Frage nicht weniger von Bedeutung ist.

Nur ein unter den nachstehenden Bedingungen wirkendes einheitliches Kollegium von Juristen und Laien könnte zu diesem Ziele führen und ist daher bei der bejahenden Beantwortung der Frage vorausgesetzt worden:

Die zur Mitwirkung bei der Strafrechtspflege in den Gerichten höchster, mittler und unterer Ordnung mit Uebertragung des vollen Richteramtes zu berufenden Laien müssen dieselbe Qualifikation besitzen, welche von den Geschwornen erfordert worden ist.

Die Wahl dieser Laienrichter erfolgt auf dieselbe Weise, wie bei den Geschwornen, mittelst Aufstellung der Urliste, Bezirksliste und Jahresliste durch den Wahlausschuß. Es kommt lediglich die Spruchliste und die Ausloosung aus derselben bei den Sitzungsperioden in Wegfall, an deren Stelle die Reihenfolge der in jedem einzelnen Falle nach der Reihe zu berufenden Laienrichter aus der Jahresliste durch Loosziehung für die Dauer eines Jahres mindestens festgestellt wird, deren Gesammtzahl nach dem Bedarf sich regelt.

Die Laien bei den Gerichten höchster Instanz sind nicht blos aus der Gerichtsstadt und deren nächster Umgebung, sondern aus dem ganzen Bezirke des Gerichts zu berufen.

In dem einheitlichen Kollegium muß das Laienelement die überwiegende Mehrheit bilden.

Die Sammlung von Untersuchungen für Sitzungsperioden muß wegfallen und jede Untersuchung abgeurtheilt werden, sobald sie spruchreif ist.

Gegen die Entscheidungen dieser Strafgerichte ist nur die Nichtigkeitsbeschwerde zuläßig, Berufung wegen der Schuldfrage und Strafe aber nicht gegeben.

Ein unter diesen Voraussetzungen wirkendes einheitliches Strafgerichtskollegium von rechtsgelehrten und Laien-Richtern würde geeignet sein, in mehrfacher Beziehung Uebelstände zu beseitigen, welche mit der Jury verbunden sind.

Dazu gehören vor Allem die umständlichen, zeitraubenden und durch ihre stereotype Wiederholung ermüdenden Formalitäten, welche die Ausloosung, beziehentlich Ablehnung der Geschwornen, deren Vereidung, die Feststellung der Fragen an die Jury, die Vervielfältigung der Fragebogen, die Rechtsbelehrung durch den Präsidenten, die gesonderte Berathung der Jury, die darauf folgende gesonderte Berathung der Richter, das doppelte Plaidoyer u. s. w. mit sich bringen.

Alle die Formalitäten und Weitläufigkeiten, welche hier nothwendig werden, um die gegenseitigen Beziehungen zwischen dem entscheidenden Gerichtshofe, bei seiner Frage nach dem Wahrspruche an die Jury hinsichtlich des Beweises zu regeln, erübrigen, sobald ein einheitliches Richterkollegium, gebildet aus Rechtsgelehrten und Laien, zum Urtheil über die ganze Schuldfrage, zur Anwendung des Strafgesetzes und zur Ausmessung der Strafe berufen wird.

Es ist nicht der Zeitverlust, die formelle Schwerfälligkeit des Gerichtsverfahrens allein, welche den Mißstand, dessen Beseitigung im Interesse der Strafrechtspflege liegt, begründen; vielmehr ist es der unnöthige Verbrauch an Zeit und Kraft seiten der mitwirkenden Richter-Elemente, welcher lebhaft empfunden wird und, wie nicht verkannt werden darf, nicht geeignet ist, die Sympathien für die Einrichtung in ihrer äußeren Durchführung, namentlich seiten der Laien, deren Zeit am Meisten beansprucht wird, wesentlich zu erhöhen.

Man würde sehr irren, wenn man die bei einer längeren Schwurgerichtssitzungsperiode besonders höchst lästig und deprimirend wirkende alltägliche Revue über die sämmtlichen Geschwornen, welche auf der Spruchliste stehen und sich an Gerichtsstelle einzufinden haben, damit aus ihnen die Jury gebildet werden kann, als eine Prozedur ansehen wollte, welche die zur Mitwirkung berufenen Laien besonders anspricht. Diese oft wochenlang andauernde unnöthige Konsumtion einer großen Anzahl intelligenter, von häuslichen Sorgen und Mühen zu dem Ehrenamte des Geschwornen abberufener Männer, von welchen nur etwa zwei Fünftheile bis zur Hälfte jedes Mal zur richterlichen Thätigkeit herangezogen werden können, hat etwas so Umständliches, dem Zeitbewußtsein, daß Zeit Geld sei, Widerstrebendes, daß es für den mit der Sache Vertrauten keines Beweises dafür bedarf, daß diese Modalität, zum Richteramt berufen zu werden, ebenso zweckwidrig, als für die Betheiligten unangenehm und beschwerlich ist. Nicht minder ist es das Ablehnungsverfahren bei Ausloosung der Jury, welches ebenso entbehrlich als würdelos sich darstellt. Wer mit der Praxis der Schwurgerichtshöfe vertraut geworden ist, weiß, was die Ablehnungen zu bedeuten haben, daß sie selten wahren Einfluß ausüben, meist aber für die Geschwornen, denen es darum zu thun ist, sich eine kurze Freiheit vom Zwange der Sitzungsperiode zu erwirken, ein willkommenes Auskunftsmittel darbieten, um sich freie Zeit verschaffen zu lassen. Dies Aussuchen der Richter seiten der Anklage und des Angeschuldigten hat sicher einen der Würde des Richteramts nicht förderlichen Charakter; es bedarf kaum der Hinweisung, daß dieses, nur dem französischen Verfahren entlehnte Zufalls- und Willkürexperiment, dessen die englische Jury nie bedurft hat, eine leicht zu missende Weitläuftigkeit von lediglich formeller Bedeutung verursacht.

Ebenso ist das bei jedem Falle sich wiederholende Einschwören der Jury eine Formalität, bei welcher die Heiligkeit des Eides wenig gewinnt, ohne daß damit eine wesentliche Garantie mehr erreicht würde.

Am Meisten tritt aber die Fragestellung mit ihren Nachtheilen als ein mit dem Institut der Jury verbundener Mißstand hervor. Einer Darlegung desselben bedarf es hier weiter nicht; hierüber ist bereits soviel geschrieben und beziehentlich allseitig festgestellt worden, daß es genügt, auf das Allbekannte zu verweisen. Es leuchtet von selbst ein, daß die Fragstellung mit ihren Weitläufigkeiten, Eventualitäten, formellen Schwierigkeiten und sonstigen bekannten unsicheren Dienstleistungen, obschon sie unentbehrlich ist als Mittel des Ueberzeugungsaustausches zwischen einem fragenden und einem antwortenden Kollegium, von selbst mit allen Nachtheilen fallen muß, sobald ein einheitliches Kollegium von Juristen und Laien, mit voller richterlicher Amtsbefugniß auf Grund der unmittelbaren mündlichen Verhandlung über die gesammte Schuldfrage urtheilt, die Rechtsfrage entscheidet und die Strafbemessung vornimmt, Alles in einer ungetrennten, einheitlichen Berathung und Beschlußfassung.

Für ein solches Kollegium bestehen auch die übrigen Nachtheile der Jury nicht.

Es werden für den einzelnen Fall nur soviel Laienrichter zur Mitwirkung im Kollegium einberufen, als aus der Jahresliste der Reihe nach erforderlich sind, ihre einmalige Vereidung reicht für alle Fälle aus, an die Stelle der Ablehnbarkeit tritt die durch das Gesetz geordnete, mit Gründen zu erweisende richterliche Inhabilität rc. Somit ist für jeden einzelnen Fall die Möglichkeit gegeben, die Verhandlung und Aburtheilung ohne jenen Wust formaler Vor- und Zwischen-Akte alsbald mit Beginn der öffentlichen Sitzung unausgesetzt vornehmen und zu Ende führen zu können.

Die Einführung eines einheitlichen Kollegiums von Juristen und Laien bei den Strafgerichten höchster Ordnung würde aber noch weitere erhebliche Vortheile erreichen lassen. Das Institut der Jury bedingt einzelne Sitzungsperioden für die Aburtheilung der schwersten Straffälle. Es kann ja nicht um jedes einzelnen Falles willen eine Spruchliste von Geschwornen gebildet werden, der Gerichtsbezirk müßte denn so dicht bevölkert sein, daß das Schwurgericht dauernd in Thätigkeit und eine öftere, vereinzelte Bildung der Jury dadurch erleichtert wäre. Diese Sitzungsperioden bringen mannichfache Nachtheile mit sich, namentlich das Anhäufen und Zusammendrängen mehrerer Sachen auf den Raum weniger Tage, die mit der ununterbrochenen Thätigkeit des Gerichts und der Geschwornen in engster Verbindung stehende Erschlaffung und Abstumpfung der einzelnen Mitwirkenden, die Verschleppung der für die Session aufzubewahrenden Untersuchungen bei Verlängerung der Untersuchungshaft u. s. w.

Alledem würde ein einheitliches Kollegium der in Frage stehenden Art gründlich abhelfen können.

Es würde, — und das ist jedenfalls eine berechtigte Anforderung an die Strafrechtspflege! — jeden einzelnen Fall zur Aburtheilung bringen können, sobald er hierzu reif ist, denn es bedarf ja nur der Einberufung der Laien-Richter nach der Reihenfolge der Jahresliste; es würde ferner, ohne von den angehäuften folgenden anderen Fällen gedrängt zu werden, dem einen Falle seine ganze unbeeinträchtigte Aufmerksamkeit zuwenden können; es würde endlich jeder Sache mit Zuführung völlig neuer, durch vorhergegangene Verhandlungen nicht bereits ermüdeter Richter, die erforderliche Unbefangenheit und freie Thätigkeit frischer Kräfte sichern.

Mit dem Wegfall der Sitzungsperiode würde aber auch recht füglich die Errichtung besonderer Schwurgerichtshöfe erübrigen können.

Die hierdurch zu erzielende Beseitigung der Concentration der schweren Straffälle in einem großen Gerichtsbezirke ist schwerlich zu unterschätzen; diese Concentration und Zusammendrängung sind aber eine nothwendige Folge der Berufung der Jury, nicht eine nothwendige Garantie für die Strafrechtspflege.

Mit Einführung einheitlicher Collegien aus Juristen und Laien für die Strafgerichte höchster Ordnung entsteht die Füglichkeit, jedes Strafgericht mittler Ordnung durch Erhöhung der Mitgliederzahl zu einer strafgerichtlichen Thätigkeit zu berechtigen, welche den Strafgerichten höchster Ordnung zugewiesen ist. Damit wird zunächst eine Vermehrung der Sitzungen bei letzteren erzielt, bei welcher die Strafrechtspflege nur an Schnelligkeit und Güte gewinnen kann, weil den einzelnen Untersuchungen dann eine beschleunigte und daher auch von der Zeit unbeeinflußte Aburtheilung gesichert wird, namentlich im Hinblick auf die Möglichkeit, jede einzelne Sache alsbald zur Verhandlung bringen zu können.

Daß aber die Strafgerichte mittler Ordnung, deren Funktionen der schwurgerichtlichen ganz nahe stehen, zu einer solchen ausgedehnteren Thätigkeit verwendbar sein würden, bedarf keines besonderen Beweises.

Weiter wird aber auf diesem Wege dem Laienelemente die Theilnahme an der Strafrechtspflege in unverkennbarer Weise erleichtert und werth gemacht werden können.

Mit dem Wegfall großer Schwurgerichtsbezirke und dem Eintritt der Möglichkeit, Kollegialgerichte mittler Ordnung als solche höchster Ordnung mittels Vermehrung der Zahl der Laienrichter in kleineren Bezirken zu verwenden, würde der Kreis, aus welchem die Laienrichter zur Mitwirkung zu berufen wären, wesentlich verengert und somit, in Verbindung mit der jedes Mal nur für einen Fall erforderten Thätigkeit des Laienrichters, eine ganz wesentliche Erleichterung für das bürgerliche Element bei dem Rechtsprechen herbeigeführt werden, das dann nur auf kurze Zeit, bei kurzer Entfernung und für eine kurze Dienstleistung in längeren Zwischenräumen vom häuslichen Heerde ab und an den Richtertisch berufen werden würde — eine Leistung, welche, nach den gemachten Erfahrungen mit dem Institute der Gerichtsschöffen, sehr gern und ausdauernd dargebracht wird. —

Mit der Thätigkeit bei den Geschwornen ist dies, wie die Erfahrung bestätigt, keineswegs der Fall. Man würde Unrecht thun, wenn man sich der Wahrheit verschließen wollte, daß im Allgemeinen für die Thätigkeit als Geschworner unter den verschiedenen Schattirungen des Laienelements keine allzugroße Neigung besteht. Es ist Thatsache, daß die Mehrzahl der nicht am Orte des Schwurgerichts wohnenden Geschwornen nach überstandener Sitzungsperiode alsbald vom Ablehnungsrechte Gebrauch macht, um sich so lange als möglich von der Thätigkeit in der Jury fern zu halten. In der That sind auch die Opfer an Zeit, Geld, persönlichem Wohlbefinden und geschäftlicher Ordnung im Haus so bedeutend, daß es Keinem verargt werden darf, wenn er diese Opfer auf ein Geringstes einschränkt. Und wie oft ist die Berücksichtigung des Vorhandenseins solcher Opferfähigkeit — das wird Jeder zugestehen, der in einem Wahlausschusse bei Feststellung einer Geschwornen-Bezirksliste mitgewirkt hat! — Ursache, von der Wahl befähigter, intelligenter Männer abzusehen, die diese Opfer nicht bringen *können*, und nur Solche zu berücksichtigen, denen die Mittel dazu nicht fehlen! Alle diese Opfer würden sich reduziren, sobald das einheitliche Kollegium, welches für Strafgerichte höchster Ordnung gebildet werden soll aus Juristen und Laien, die Einrichtung kleiner Bezirke für diese Strafgerichte und mit ihr die alsbaldige Aburtheilung jeder einzelnen spruchreifen Sache möglich machen würde, so daß der Laie nur jedes Mal zu seiner strafgerichtlichen Thätigkeit das Opfer *eines*, höchstens eines zweiten Tages für die Regel zu bringen brauchte.

Mit der Verringerung solcher Opfer aber würde sich die Bereitwilligkeit der Laien zur Mitwirkung bei der Strafrechtspflege wesentlich steigern. Verfasser kann aus eigener Erfahrung versichern, daß von sämmtlichen Gerichtsschöffen, mit denen er amtlich seit Jahren verkehrt hat, fast Jeder die größte Bereitwilligkeit zu fernerer Thätigkeit ausgesprochen, ja eine große Zahl um das Verbleiben im Amte geradezu sich beworben hat, während Keiner von ihnen, der als Geschworner fungirt hatte, geneigt war, diese Last wieder auf sich zu nehmen.

Auf diesem Wege würde dann aber auch die Gewißheit erlangt werden, daß die Mitwirkung von Laien bei der Strafrechtspflege ein volksthümliches Institut würde. Es genügt nicht, ein solches theoretisch zu konstruiren, es muß im Volke Wurzel schlagen, es muß sich einleben, es muß vom Volke lieb und werth gehalten werden und darf nicht sich zu einer Last gestalten, von der Jedermann als von einem Vorrechte spricht, aber auch die große Mehrzahl wie von einer Last sich freizuhalten strebt.

In der vollen Ueberzeugung, daß die Betheiligung an der Strafrechtspflege, bei welcher den intelligenten, erfahrenen, charakterfesten, nichtrechtskundigen Laien das Richteramt in seinem vollen Umfange in einem einheitlichen Kollegium aus Juristen und Laien übertragen wird, allerdings auch wohl geeignet sein würde, ein volksthümliches Institut einzurichten, an dem die Intelligenz unter den Staatsbürgern sich gern und ausdauernd betheiligen würde, ist Verfasser zur Bejahung des ersten Theils der gestellten Frage gelangt.

Nicht wenig haben ihn aber hierzu die Erfahrungen in staatsanwaltschaftlicher und richterlicher Thätigkeit mit dem Institut der Gerichtsschöffen vermocht, vermöge deren er die Lebensfähigkeit eines solchen einheitlichen Kollegiums aus Juristen und Laien, dessen große Vorzüge, dessen praktische Wirkungen für eine humane, prompte und gerechte Rechtspflege, dessen höchst werthvolles Arbeiten in gegenseitiger Verständigung zu einem billigen und gerechten Richterspruche erkannt und schätzen gelernt hat.

Die Ueberzeugung, daß in einem einheitlichen Kollegium die Mischung von nicht rechtsgelehrten Richtern aus dem Volke, die dem technisch-juristischen Element gleichberechtigt zur Seite gestellt ist, geeignet sein wird, den höchsten Zielen einer guten Strafrechtspflege nahe zu kommen, beruht endlich namentlich darauf, daß nach den gemachten Erfahrungen mit den Gerichtsschöffen in der Praxis eine große Anzahl von Bedenken gegen ein solches Institut geradezu in sich selbst zerfallen. Die Laienrichter in einem einheitlichen Kollegium, den Juristen gleichgestellt und der Zahl nach überlegen, werden an Unabhängigkeit, Unbefangenheit, selbstständiger Auffassung der Schuldfrage und Unterordnung unter das Gesetz und seine gesunde Auslegung nichts zu wünschen übrig lassen, sobald nur seiten der Juristen anerkannt und bethätigt wird, daß diese Mithülfe ihnen lediglich zum Vortheile gereicht und als Hülfsmittel zu gerechter Handhabung des Gesetzes dient. Und dies ist in der That der Fall. Mag auf den ersten Anblick für manchen Juristen die Arbeit mit einer Majorität von Laienrichtern etwas Drückendes haben, mag es scheinen, als solle damit eine Unterordnung der rechtsgelehrten Richter unter die Menge herbeigeführt werden! In Wahrheit — und auch hier gelten Erfahrungen — wird die Thätigkeit des rechtsgelehrten Richters nirgends höher geschätzt, als von den Laien, mit denen er strafgerichtlich thätig ist und für welche er die ihm zu Gebote stehende Rechtskenntniß und richterliche Erfahrung entwickelt, und Niemand ist bereitwilliger, einer mit überzeugenden Gründen dargelegten Rechtsansicht, den Forderungen der Wissenschaft, der Auctorität des voll zu haltenden Gesetzes sich zu fügen, als der zur Rechtsprechung berufene

Laie; in Auffassung der thatsächlichen Verhältnisse, in der Ueberzeugung hinsichtlich der Ueberführung, in der Anschauung über die individuelle Schuld dagegen besitzt der als Strafrichter fungirende Laie eine Selbstständigkeit und Sicherheit, bei welcher er der juristischen Auctorität in der Abstimmung zu folgen durchaus nicht geneigt ist.

Für den ersten Augenblick sind Fälle, wo die Mehrheit der Laien die rechtsgelehrten Richter zu Gunsten des Angeschuldigten überstimmt, welche zwar selten, aber doch mitunter vorkommen, zwar geeignet, die rein juristische Anschauung zu befremden und zu Zweifeln anzuregen über die Richtigkeit des erlangten Resultats. Allein bei unbefangener Erwägung aller Umstände hat nach den gemachten Erfahrungen bisher meist die Ueberzeugung schließlich Platz gegriffen, daß die humane Rechtspflege, die individuelle Schuldbeurtheilung dabei nicht zu Schaden gekommen war, und daß das streng juristische Urtheil einer dem Lebenskreise des Abgeurtheilten näherstehenden Auffassung thatsächlicher Verhältnisse und persönlicher Beziehungen hatte Raum geben dürfen, ohne dem Gesetz Eintrag zu thun.

Verfasser weiß wohl, welche Bedenken von manchen Seiten gegen das Institut der Gerichtsschöffen geltend gemacht worden sind.*) Sie lassen sich im Hauptwerke darauf zurückführen, daß bei der gemeinsamen richterlichen Arbeit von Juristen und Laien in einem einheitlichen Kollegium für die Selbstständigkeit der Letzteren gefürchtet und vorausgesetzt wird, sie würden in zu großer Abhängigkeit von den Juristen sich befinden.

Noch ganz neuerdings hat John

> Ueber Geschwornengerichte und Schöffengerichte von Dr. Richard Ed. John. Berlin 1872.

dieser Ansicht entschiedenen Ausdruck gegeben, indem er sagt:

> „Der wesentliche Zweck des Schöffengerichts ist der, die Richter aus dem Volke, die Schöffen, derartig im Zügel zu halten, daß wenigsteus da, wo es darauf ankommt, dasjenige geurtheilt werde, was die rechtsgelehrten Richter geurtheilt wissen wollen."

Diese Anschauung steht aber mit den Erfahrungen in völligem Widerspruch.

Alle diese Bedenken sind auf ein völliges Verkennen der Selbstständigkeit und Intelligenz der Schöffen gegründet, welche mit nichten sich so lenken lassen, daß sie so urtheilen, wie die rechtsgelehrten Richter es wollen!

Mag nun das obengedachte Urtheil, da Dr. John doch sicherlich an der Ueberzeugungstreue deutscher Richter nicht zweifeln will, auch nur dahin gehen, daß die juristische richterliche Ueberzeugung über die richterliche Ueberzeugung

---

*) Vergl. z. B. Prof. Wahlbergs Allg. Oesterr. Gerichtsz. XXIII. Jahrg. Nr. 1—4.

der Laien ein Uebergewicht geltend mache, so ist doch auch dies nicht durch die Erfahrung bestätigt. Die Gerichtsschöffen urtheilen in großer Selbstständigkeit und Unbefangenheit, welche nirgends mehr hervortritt, als wenn sie in ihren Anschauungen mit den juristischen nicht zusammentreffen. Wer da vermeint, sie seien bloße Jamänner, welche der juristischen Abstimmung blind nachgehen, der übersieht vollständig, daß die ephemere Thätigkeit der Gerichtsschöffen, ihre bürgerliche Unabhängigkeit und Freiheit von allen geschäftlichen Beziehungen zu den Richtern ihnen eine Stellung verleiht, bei welcher an eine solche Abhängigkeit von den Anschauungen der Juristen nicht zu denken ist und welche bei dem geringsten Versuche, auf die richterliche Ueberzeugung der Laien einwirken zu wollen, nur um so fester werden würde!

Würde aber erst dem Laien volle richterliche Gewalt und Verantwortlichkeit übertragen sein, dann dürfte sich — dies hofft die Erfahrung — eine noch viel größere Selbstständigkeit der Laien-Richter entwickeln, welche weit eher über die sogen. Omnipotenz der Geschwornen hinausgehen, als sich zu der befürchteten Nachtreterei in juristische Fußtapfen gebrauchen lassen würde. Schon die allgemeine Abneigung des Laien gegen juristische Spitzfindigkeit und Schärfe sichert hiergegen. Bei Beantwortung der Schuldfrage aber ist die juristische Ueberzeugung am allerwenigsten maßgebend für die Gerichtsschöffen, welche im Gegentheil recht wohl von der ihnen zu Gunsten des Angeschuldigten zustehenden Majorität Gebrauch zu machen verstehen.

Vergl. z. B. den ref. Fall: Allgem. Gerichts-Zeitung für das Königreich Sachsen, Jahrgang XV. 1871, S. 355.

Der erste Theil der gestellten Frage wird daher auf Grund gemachter Erfahrungen hiermit aus voller Ueberzeugung bejahend beantwortet, jedoch nur, wenn die Antwort auf den zweiten Theil der Frage in der Weise erfolgt, welche nunmehr begründet werden soll.

Die Einrichtung einheitlicher Richterkollegien aus Juristen und Laien soll im Interesse der Rechtspflege erfolgen und, neben Erzielung einer raschen und guten Justiz, insbesondere die Betheiligung der Staatsbürger an der Rechtspflege fördern, selbstverständlich aber gleichzeitig die Zahl der ständigen Richter nicht über das nothwendige Bedürfniß hinaus erhöhen.

Bei dem sonach prinzipiell gebotenen Vorwiegen des Laienelements in den Strafgerichten und einer für die Praxis ausreichenden Vertretung des juristisch-technischen Elements in denselben (wie sich dies bei den Schöffengerichten bewährt hat) läßt sich für die Beantwortung dieses Theils der gestellten Frage zunächst der allgemeine Grundsatz aufstellen,

daß in einem einheitlichen, aus Juristen und Laien gebildeten Richterkollegium das Zahlenverhältniß zwischen den beiden Elementen dergestalt zu regeln sein würde, daß für die Zahl der Juristen das kleinste Kollegium hinreicht, um über eine Rechtsfrage eine rein juristische Mehrheit zu erzielen (also eine Dreizahl von Juristen), dagegen aber die Zahl der Laienrichter im Verhältniß hierzu so groß sein muß, um für die Beantwortung jeder dem Angeschuldigten ungünstigen Frage mindestens die einfache Mehrheit der Laienrichter neben den sämmtlichen bejahenden Stimmen der Juristen erfordern zu können. Hierbei würde dann noch in Frage kommen, ob die einfache Majorität des ganzen Kollegiums, oder eine nach bestimmtem Quotalverhältniß (2/3 oder 3/4 rc. der Stimmen) erforderte Mehrheit der Richter zu jeder für den Angeschuldigten ungünstigen Entscheidung für nöthig erachtet wird.

Von diesem Grundsatze ausgehend würden sich mehrere Zahlenverhältnisse für die Vertretung beider Elemente in einem einheitlichen Richterkollegium ergeben. Wird davon ausgegangen, daß bei einem Gerichte unterer Ordnung ein juristischer und zwei Laienrichter, bei einem Gerichte mittlerer Ordnung drei juristische und vier Laienrichter erfordert werden, um das Ueberwiegen des Laienelements durchzuführen, so würde für ein Gericht höchster Ordnung ein Minimum von drei Juristen und sechs Laienrichtern dann ausreichen, sobald zu einer für den Angeschuldigten ungünstigen Entscheidung sieben von den neun Stimmen erfordert würden. Solchenfalls würde eine zur Verurtheilung erforderliche Mehrheit bestehen können aus

3 Juristen und 4 Laien, oder
2 „ und 5 „ , oder
1 „ und 6 „ ,

mithin im ersten Falle neben der juristischen Unanimität Majorität der Laienrichter, im zweiten Falle bei juristischer Majorität mehr als Zweidrittelmajorität der Laienrichter, bei juristischer Minorität aber Unanimität der Laienrichter eintreten, und bei gänzlichem Dissens der Juristen eine Verurtheilung nicht erfolgen können.

Soll dagegen eine einfache Majorität des Kollegiums zur Verurtheilung genügen, in welcher die Mehrheit der Laienrichter vertreten sein muß, dann würde bei einer Minimalzahl von drei Juristen ein Zahlenverhältniß dem vorstehenden Prinzipe entsprechend für beide Elemente kaum zu finden sein, wie folgende Zahlen darthun:

Zahl der Mitglieder des Kollegiums.			Juristen.	Laien.	Majorität überhaupt.
A.	a.	8	3	5	5 (näml. 3 J. 2 L.).
	b.	9	3	6	5 („ 3 „ 2 „).
	c.	10	3	7	6 („ 3 „ 3 „).
	d.	11	3	8	6 („ 3 „ 3 „).
	e.	12	3	9	7 („ 3 „ 4 „).

Zahl der Mitglieder des Kollegiums.	Juristen.	Laien.	Majorität überhaupt.
f. 13	3	10	7 („ 3 „ 4 „).
g. 14	3	11	8 („ 3 „ 5 „).
h. 15	3	12	8 („ 3 „ 5 „).

In allen diesen Fällen würde neben den sämmtlichen verurtheilenden Juristenstimmen niemals die Mehrheit der Laienrichter erforderlich sein, um eine einfache Majorität zu erlangen, die Majorität des Laienelements würde somit stets von der Minorität im Verein mit dem juristischen Element überwogen werden können. Hieraus läßt sich die Unthunlichkeit einer einfachen Majorität annehmen, und es fragt sich demnächst, wie sich das Verhältniß gestalten könne bei einer größeren Majoritätsquote. Hier ergeben Zahlen Folgendes:

	Zahl der Mitglieder des Kollegiums.	Juristen.	Laien.	Majorität: Theil	Stimmen des Kollegiums.
B.	a. 8	3	5	$^3/_4$	= 6 : (3 J. 3 L.).
	b. 9	3	6	$^2/_3$	= 6 : (3 „ 3 „).
	c. 9 (s. o.)	3	6	$^7/_9$	= 7 : (3 „ 4 „).
	d. 10	3	7	$^7/_{10}$	= 7 : (3 „ 4 „).
	e. 10	3	7	$^4/_5$	= 8 : (3 „ 5 „).
	f. 11	3	8	$^7/_{11}$	= 7 : (3 „ 4 „).
	g. 11	3	8	$^8/_{11}$	= 8 : (3 „ 5 „)
	h. 11	3	8	$^9/_{11}$	= 9 : (3 „ 6 „).
	i. 12	3	9	$^2/_3$	= 8 : (3 „ 5 „).
	k. 12	3	9	$^3/_4$	= 9 : (3 „ 6 „).

Danach würden die Fälle unter a., c., d., e., g., h. dem Erforderniß entsprechen, der Fall unter k. aber eine sehr überwiegende Majorität des ganzen Kollegiums ($^3/_4$) und der Laienrichter ($^2/_3$) umfassen (ebenso h).

Einer weiteren Auseinandersetzung bedarf es hier wohl nicht, daß die vorstehenden Zahlen lediglich bestimmt sind, das Stimmenverhältniß zu charakterisiren hinsichtlich des Zusammenwirkens aller juristischen Stimmen bei der verurtheilenden Majorität mit den Stimmen der Laien, und daß mit der Abminderung der juristischen Stimmen die Majorität der Laien sich steigern muß.

Hervorgehoben werde daher nur noch, daß im Falle der Zusammensetzung eines einheitlichen Kollegiums aus drei Juristen und sechs Laien bei einer Mehrheit von sieben Stimmen eine Verurtheilung durch Laien allein nicht eintreten könnte, was in den Fällen **A.** a—h. und **B.** b., d. f., g., i., k. möglich wäre.

Sollte hieraus ein Bedenken entstehen, so dürfte wohl zur Widerlegung genügen, daß im Falle einer gesetzwidrigen Majorisirung der juristischen Anschauung durch die Laienmajorität das Rechtsmittel der Nichtigkeitsbeschwerde zur Abhülfe führen wird, andern Falls aber — also wenn die Majorität nicht gegen das Gesetz verstößt — der Gerechtigkeit dann wohl kaum Eintrag von Bedeutung geschehen sein wird.

Zur Beantwortung der gestellten Frage lassen sich nach den gegebenen Zahlen die nachstehenden Kombinationen zunächst empfehlen:

1. ein Kollegium von neun Richtern (3 Juristen, 6 Laien), verurtheilend mit sieben Stimmen,
2. ein dergleichen aus zehn Richtern (3 Juristen, 7 Laien), verurtheilend mit (sieben oder) acht Stimmen,
3. ein dergleichen aus eilf Richtern (3 Juristen, 8 Laien), verurtheilend mit (acht oder) neun Stimmen,
4. ein dergleichen aus zwölf Richtern (3 Juristen, 9 Laien), verurtheilend mit (acht oder) neun Stimmen.

Von diesen Vorschlägen würden augenscheinlich nächst dem ersten, welcher den relativ wenigsten Bedarf von Richtern bei relativ größter Majorität bietet, noch der zweite und dritte hervortreten, wenn vermehrte Majorität ohne wesentliche Vermehrung der Richter erfordert wird.

Was aber den Vorschlag unter 4. anlangt, so hat derselbe, den Verfasser zu dem seinigen macht, Eigenschaften, welche ihn ganz besonders hervortreten lassen. An der Zahl der Richter zu sparen ist da am Orte, wo dieses Sparen durch nothwendige Rücksichten auf den Kostenpunkt, die vorhandene Gesammtzahl der Richter u. s. w., geboten ist. Bei der Betheiligung des Volkes an der Strafrechtspflege ist ein solches Sparen weder nöthig, noch ersprieslich, ja es würde zweckwidrig sein.

Schon aus diesem Grunde würde sich der Vorschlag unter 4. empfehlen, da er die größten Garantien zu bieten geeignet ist, für die Ausführung aber erhebliche Schwierigkeiten kaum bieten dürfte.

Er ist aber auch aus einem andern Grunde der bei weitem annehmbarere und zweckmäßigere: er fügt sich am meisten dem Bestehenden an.

Schon im Eingang ist angedeutet worden, daß es nur gilt, die mit der Jury verbundenen Mißstände zu beseitigen, unter Bewahrung ihrer Vortheile. Zu diesen gehört wesentlich die größere Zahl der über die Schuldfrage Richtenden, wie sie schon uralter Rechtspflege, insbesondere auch dem alten deutschen und englischen Rechte eigen ist.

Die zwölf Männer aus dem Volke, welche über Schuld oder Unschuld des Mitbürgers richten, sind eine so große Eigenthümlichkeit der Jury und eine so wesentliche Garantie des durch sie vertretenen Laienrichterthums, sowie so eng verwachsen mit dem Begriff eines Gerichtshofs für die schwersten Fälle, daß es in der That fast unumgänglich scheint, diese Zahl beizubehalten und als Maaßstab für die Besetzung der Strafgerichte höchster Ordnung hinzustellen.

Der Einwurf, daß derselbe, aus 3 Juristen und nur 9 Laien bestehend, der Jury nicht gleichkommen würde, dürfte nicht von Gewicht sein. Werden die juristischen und Laienrichter mit gleicher richterlicher Machtvollkommenheit bekleidet, dann können die zwölf Richter, als vollkommen Gleichgestellte, nicht verschiedenartig beurtheilt werden, und wenn die neun Laienrichter über die Rechtsfrage und Strafbemessung zu Gericht sitzen dürfen, dann darf auch Niemand den juristischen Richtern die volle Befähigung bestreiten wollen, bei der Beweisfrage die Stelle von Geschwornen auszufüllen.

Noch ist eines Einwurfs zu gedenken, der von einer Seite gemacht wird, welche dem Institute selbst nicht abhold ist.

Es wird den Schöffengerichten gegenüber betont, daß sie eine zu große Anzahl von befähigten Laien erfordern, um in den minder bevölkerten Gegenden ausführbar zu sein; mindestens wird dieser Grund für die nöthige Verwendung von einer möglichst kleinen Anzahl von Laienrichtern angeführt. Inwieweit dieser Einwurf gegen die Schöffengerichte begründet genannt werden kann, würde hier nicht zu untersuchen sein. Jedenfalls ist aber nicht zu übersehen, daß die kleinen Kreise der Wirksamkeit der Gerichtsschöffen (Fortkommenvergütung immer vorausgesetzt) keineswegs die disponiblen Kräfte erschöpfen, welche in dichter bevölkerten Gegenden von den Geschwornen und den Gerichtsschöffen nicht aufgebraucht, vielmehr nur zum kleineren Theile herangezogen werden. Für die vorliegende Frage aber ist der Einwand sicherlich nicht durchschlagend, da die Geschwornenbank bei weitem mehr Kräfte in Anspruch nimmt, als sie in der That nöthig hat, und bei Konstituirung eines einheitlichen Kollegiums aus Juristen und Laien nicht allein der numerische Bedarf von Laienrichtern an sich schon geringer sein würde, sondern auch durch die Vermehrung der Thätigkeit von Gerichten höchster Ordnung und durch die damit verbundene Verengerung der Bezirke eine viel größere Anzahl von Capacitäten verwendbar werden dürfte, namentlich wenn erwogen wird, daß die Opfer an Zeit und Geld dann, bei nur ephemerer Thätigkeit in einzelnen Fällen, viel geringer werden müssen. Damit würde aber die Abneigung gegen das Laienrichter- (i. e. Geschwornen-) Amt sich verlieren und die Zahl Derer sich vermehren, welche von den Wahlausschüssen in die Bezirkslisten eingestellt werden können.

Dann würde aber auch — und das ist durchaus nicht zu unterschätzen! — für die Heranziehung der ganzen disponiblen Intelligenz ohne die Rücksichtnahme auf die Geldmittel, welche jetzt oft abhalten muß, einem Tüchtigen das Opfer eines Geschwornensitzungs-Aufwands zuzumuthen, ein großer Schritt weiter gethan sein, ganz abgesehen davon, daß mit Verbreiterung der Theilnahme, Verringerung der persönlichen Opfer und Verallgemeinerung dieses Theils der Mitwirkung an der Selbstregierung die Lust und Liebe zur Institution selbst nur zunehmen würde — was sich von den Geschwornen eben nicht sagen läßt.

Es würde auch hier wohl die künftige Erfahrung darzuthun vermögen, daß theoretische Bedenken in der Ausführung oft viel an Gewicht verlieren und fast immer durch Vortheile überwogen werden, deren Wirksamkeit kaum vorausgesetzt worden ist. Eine solche Erfahrung vertritt Verfasser wenigstens hinsichtlich des Instituts der Gerichtsschöffen, wie sich dasselbe in Sachsen gestaltet hat, und mit derselben ist er daher auch zur Beantwortung der gestellten Frage gekommen, welche im Ganzen dahin geht:

> In den Strafgerichten höchster Ordnung soll an die Stelle des Gerichtshofes und der Jury ein einheitliches Kollegium von Juristen und Laien unter den dargelegten Voraussetzungen treten, wenn es aus drei rechtsgelehrten Richtern und neun Laienrichtern gebildet wird und alle dem Angeschuldigten ungünstigen Fragen mit Dreiviertel-, mindestens mit Zweidrittel-Majorität entscheidet.

Freiberg, Ostern 1872.

IV.

Gutachten des Oberappellationsgerichtsraths Becker in Oldenburg

über die Fragen:

„Soll die Entscheidung über die richtige Anwendung der Landesgesetze den obersten Landesgerichten überlassen, und nur die Entscheidung über die richtige Anwendung der Reichsgesetze dem höchsten Reichsgericht zugewiesen werden? oder in welcher Weise soll die Kompetenz des höchsten Reichsgerichts sonst begrenzt werden?"

Vor Vollendung des von mir geforderten Gutachtens über die vorstehenden Fragen erhalte ich den neuesten Entwurf der deutschen Civilprozeßordnung zur Einsicht, und kann nunmehr mit der Erklärung beginnen, daß ich mich der hier gegebenen Antwort (§. 7 f.) im Wesentlichen anschließe.

Die Kompetenz des höchsten Reichsgerichts kann sich nur auf die Entscheidung von Rechtsfragen, nicht auf die Entscheidung von Thatfragen erstrecken; — hierin sind wir Juristen alle einig, mögen wir das Rechtsmittel Kassationsrekurs, Nichtigkeitsbeschwerde oder Revision nennen. Zwar ergiebt eine Vergleichung des französischen Prozeßrechts, der neuern deutschen Gesetze und der neuesten Entwürfe einer deutschen Civilprozeßordnung, daß die genannten Rechtsmittel sich auf mehrfache Weise unterscheiden, und haben auch die Verhandlungen des letzten deutschen Juristentages gezeigt, daß ungeachtet jener Einstimmigkeit verschiedene Ansichten über den näheren Inhalt der so bezeichneten Kompetenz herrschen, — aber diese Verschiedenheiten berühren doch nicht das innerste Wesen des Rechtsmittels, in welchem dasselbe sich, in Civilsachen ebenso wie in Strafsachen, von der Berufung unterscheidet: die Beschränkung der Anfechtung auf die rechtliche Würdigung des angefochtenen Erkenntnisses.

Für dieses innerste Wesen unseres Rechtsmittels kann es nur dieselben innern Gründe geben, zu dem sich die verschiedenen Ansichten und legislatorischen Gestaltungen entweder als Konsequenzen bezw. Inkonsequenzen, oder als unbeeinflußte Nebenpunkte verhalten. Eine kurze Zusammenstellung der inneren Gründe wird dies als richtig bestätigen, einen festen Halt für die Begrenzung des Rechtsmittels darbieten, und zugleich den Vorwurf, daß unser Rechtsmittel nur „ein nothwendiges Uebel" sei, auf seinen wahren Werth zurückführen, der m. E. kein anderer ist, als daß Prozesse überhaupt nur nothwendige Uebel sind.

Ich frage also: aus welchen inneren Gründen kann die Kompetenz des höchsten Reichsgerichts sich nur auf die Entscheidung von Rechtsfragen, nicht auf die Entscheidung von Thatfragen, erstrecken?

Nur die richtige Würdigung des allgemeinen, Alles bindenden, Rechts, nicht die richtige Würdigung des nur einzelne Personen interessirenden Faktums nimmt das allgemeine Interesse in solchem Grade in Anspruch, daß für die Befriedigung dieses Interesses durch ein höchstes Reichsgericht vom Reiche gesorgt werden muß.

Schon die Motive zu dem Preußischen Gesetzentwurfe v. 20. Mai 1860 sagen mit vollstem Recht:

> „Die Bestimmung, daß nicht auf Grund einer thatsächlichen Würdigung die Vernichtung eines Urtheils ausgesprochen werden darf, beruht nicht auf Willkür, sie hat vielmehr ihre innere Berechtigung. Abgesehen nämlich von den Gesetzen, zufolge deren unter gewissen Voraussetzungen eine Thatsache unbedingt als feststehend angenommen werden muß, oder gewissen Beweismitteln die Beweiskraft völlig abzusprechen ist, und deren Nichtbeachtung daher einen rechtsgrundsätzlichen Verstoß enthalten würde, sind die Regeln, welche das Gesetz über die Würdigung des Sachverhalts und des Inhalts der Beweismittel gegeben hat, und geben konnte, so allgemein, daß der Richter in Wahrheit nur auf die Anwendung seines natürlichen, durch Lebenserfahrung und Menschenkenntniß unterstützten Verstandes angewiesen ist. Wie Urkunden, schriftliche oder mündliche Erklärungen zu verstehen sind, was ein Zeuge gesagt oder gemeint hat, ob einem Zeugen oder einem andern, der einen Partei oder der andern, ein größerer Glaube zu schenken, welchem Sachverständigen der Vorzug zu geben sei, dies Alles sind Fragen, für deren Beantwortung es wesentlich darauf, daß der Richter mit der Ausdrucksweise der Urkunden,

mit der Redeweise der Zeugen vertraut sei, daß er über die betreffenden Persönlichkeiten eine möglichst bestimmte Ueberzeugung erlangen könne, und auf ähnliche Umstände ankommt."

Hieraus folgern dann weiter die Motive zum revidirten Preuß. Gesetzentwurf v. 10. Nov. 1860:

„Die Eigenthümlichkeit dieses Rechtsmittels besteht nur darin, daß, wenn der Instanzrichter von einem ihm zustehenden Ermessen Gebrauch macht, namentlich, wenn er thatsächliche Würdigungen vorgenommen hat, der Nichtigkeitsrichter dies Ergebniß seiner Entscheidung zum Grunde legen muß, ohne seinerseits zu einer Nachprüfung befugt zu sein."

Ich füge hinzu (zum Theil aus einem Aufsatze von mir im Archiv für Oldenburgische Praxis, Bd. 7 vom J. 1860):

Eine zweite Prüfung der Thatfragen bietet, wenn nicht bloß das bei der ersten Prüfung vorgelegene Material in derselben Vollständigkeit, sondern auch die Beurtheilung dieses Materials durch das erste Gericht, sowie die Anfechtung und Vertheidigung dieser Beurtheilung durch die Parteien, oder ihre Vertreter, vorliegen, zweifellos eine größere Gewähr der Richtigkeit, und diese Gewähr steigert sich mit jeder neuen Prüfung auf derselben durch weitere Vorprüfung erweiterten Grundlage. Jeder fernern Instanz kommt die geistige Arbeit der vorigen Instanzen und die dadurch bewirkte Abklärung auch der streitigen Thatsachen zu Gute, so daß sie für ihre Kritik und ihre weitern Folgerungen gerade so auf den Schultern der vorigen Instanzen steht, wie jedes geistige Schaffen auf denjenigen seiner Vorarbeiter. Aber auch die neueste letzte Prüfung von Thatsachen beruht doch immer nur auf einem mehr oder weniger unsichern Ermessen,

„welches von subjectiven Ansichten abhängig, sehr arbiträrer Natur ist". Waldeck's civilprozeßrechtl. Vorfragen beim 1. deutschen Juristentage, S. 17

und noch heute gilt der Ausspruch des röm. Juristen in l. 2 D. de j. et f. ign. 22, 6: facti interpretatio plerumque etiam prudentissimos fallit.

Dazu kommt, daß nicht bloß durch die Zulassung von novis in 2. Instanz, sondern schon dann, wenn die Prüfung und Entscheidung 1. Instanz auf eigenem Gehör der Parteien oder Auskunftspersonen beruht, die obige Voraussetzung zerstört wird, und im letztern Falle sogar — im Civilprozesse ebenso wie im Strafprozesse — die bessere Grundlage eine größere Gewähr für die Richtigkeit der thatsächlichen Würdigung des ersten Gerichts bieten kann.

Ganz anders verhält sich dies mit dem Rechtspunkte: cum jus finitum et possit esse et debeat (l. 2 D. cit.). Hier ist nur eine zweite wiederholte Prüfung in höherer Instanz möglich, die eine immer wachsende Gewähr der Richtigkeit geben muß, die höchste aber von Seiten eines solchen Gerichtshofes, für den die in frühern Instanzen festgestellten Thatsachen unanfechtbar feststehen, so daß er, unbeirrt und unaufgehalten durch die faktische Würdigung, sich nur mit der Anwendung des Rechts zu beschäftigen hat.

„Die Abhaltung vom Eingehen auf die faktischen Prämissen" sagt Volkmar, die Nichtigkeitsbeschwerde, 1860, S. 11: „setzt den höchsten Gerichtshof in den Stand, und treibt ihn, um so tiefer in den Geist der Gesetze einzudringen, diesen Geist um so reiner aufzufassen und darzustellen, und sowohl für sich selbst als für alle untern Gerichte die Grundsätze zum Bewußtsein zu bringen, auf welchen die richtige Anwendung und Auslegung der Gesetze beruht. Er wird hiermit seine eigentliche Bestimmung um so würdiger erfüllen; eine lebendige Jurisprudenz wird von ihm ausgehen, und die Quelle zahlloser Prozesse verstopfen, die in der Ungewißheit des Rechts liegt."

In ähnlicher Weise äußert sich Waldeck, die Nichtigkeitsbeschwerde, S. 26 f., und faßt hiernach den eigentlichen Beruf des höchsten Gerichtshofs auf „als Centralpunkt der Einheit für Prozedur und Gesetzesanwendung".

Dafür, daß die Richter letzter Instanz nicht der Fortbildung des Rechts aus dem Volksleben entfremdet seien, muß ihre frühere praktische Durchbildung Gewähr bieten. Nur möglichst durchgebildete Richter sollen dem höchsten Reichsgericht angehören.

Eine veränderte Auffassung der Thatsachen in höherer Instanz findet oft keine Billigung des Untergerichts, während erfahrungsgemäß den sorgfältig und ausführlich begründeten Entscheidungen des höchsten Gerichts in Rechtsfragen der Unterrichter sich leicht,

> „ohne darin für seine Intelligenz, Umsicht und Amtsthätigkeit auch nur den entferntesten Vorwurf zu gewahren". Linde Handbuch IV. S. 289.

und der Tüchtigste am wenigsten ungern unterwirft, namentlich wenn wiederholte Anfechtung und neue Prüfung zu gleichförmigen Erkenntnissen geführt haben. Entsprechen diese den Bedürfnissen des Lebens, oder kommt es nur darauf an, daß eine von mehren Rechtsansichten, welche es auch sei, mit Sicherheit als Recht angenommen werden könne, so werden solche Entscheidungen zu einer schwer überwindlichen thatsächlichen Macht, und oft die Grundlage einer sich bildenden Volksüberzeugung, eines Gewohnheitsrechts.

In Betreff der Auffassung von Thatsachen ist eine solche Bedeutung und Wirkung der Erkenntnisse unmöglich. Das Leben gestaltet die Thatsachen immer neu. Derselbe thatsächliche Zweifel wiederholt sich sehr selten.

Zink über die Ermittelung des Sachverhalts im französischen Civilprozesse I. S. 20: „Kein Faktum ist ganz so gestaltet, wie das andere; jedes hat seine eigenthümliche Färbung, jedes eine andere Abwechselung von Licht und Schatten, beinahe jeder Erkenntnißgrund eine andere Schwere, und jede Verbindung von mehren ein verschiedenes Ansehen. Wo sich die Ueberlegenheit des Eindrucks zuletzt hinneige, ist nie zum Voraus zu bestimmen, daher läßt sich auch ein fester und gleichförmiger Maßstab hierfür nicht feststellen." Es hat denn auch eine unrichtige Auffassung von Thatsachen durch das Gericht nur Bedeutung für den einzelnen Fall, während die unrichtige Rechtsanwendung weit über denselben hinaus wirkt.

Zink a. a. O. S. 400: „Wenn es sich hervorthut, daß ein Gesetz falsch ausgelegt, in einem Falle, worauf es unmittelbar berechnet war, verfehlt oder gar außer Beachtung gelassen wurde, so findet sich eine ganze Classe von Rechten und spätern Fällen mit der ernsten Folge bedroht, in eine falsche Bahn einzulaufen."

Das Gericht, welches von einer irrigen Rechtsansicht befangen, diese in einem Falle anwendet, wird sie auch in vielen andern Fällen anwenden, wogegen die irrige Auffassung oder Annahme einer Thatsache in einem Falle auf die Wiederholung dieses Irrthums in andern Fällen keinen Schluß begründet. Die mit einer falschen Waage wägende Gerechtigkeit ist gefährlicher, als diejenige, welche mit der richtigen Waage einmal falsch wägt. Unter einem Richter, welcher gegen das Recht erkennt, leidet nicht bloß die jetzt von ihm getroffene Partei, sondern Jeder, der seiner Gerichtsbarkeit zugewiesen ist, und liegt es daher im allgemeinen, öffentlichen Interesse, einen solchen Richter zu berichtigen. Der größern Gefahr muß der größere Schutz entsprechen, und dieser ist es, welchen unser hier in Frage stehendes, auf Rechtsverletzungen beschränktes Rechtsmittel gewähren soll.

Ob man über die Gewährung eines Rechtsmittels an die Partei hinausgehen, den obersten Gerichtshof zugleich zu einem oberaufsehenden Organ der Justizhoheit machen soll, hängt von politischen und Zweckmäßigkeitsgründen ab, und wenn auch die Bejahung dieser Frage im französischen Recht auf die Gestaltung des Cassationsentwurfes von Einfluß gewesen ist, so bin ich doch mit Bähr, das Rechtsmittel 2. Instanz im deutschen Civilprozesse §. 2 ff. der Ansicht, daß die hervorgehobenen Verschiedenheiten, betr. den Suspensiveffekt, die Concurrenz mit der Restitutionsklage, die mehr oder minder streng formale Begründung, die Procedurform vor dem obersten Gericht und die Gestattung einer Entscheidung in der Sache selbst statt bloßer Vernichtung, nicht abhängig sind von der Natur und innern Begründung unseres Rechtsmittels, wie sie oben dargestellt worden.

Von dieser Basis eines durch innere Gründe, welche ebenso für den Civilprozeß wie für den Strafprozeß gelten, vollständig gerechtfertigten Rechtsmittels gehe ich zu den einzelnen Anwendungen.

Nicht bloß Verletzungen des materiellen Rechts gehören hieher, sondern auch Verletzungen des Prozeßrechts.

Das Prozeßrecht hat mit der Thatfrage nichts gemein, nimmt dieselbe allgemeine Bedeutung in Anspruch, wie das materielle Recht. Es ist schlimm genug, daß die richtige Anwendung prozessualer Rechtsnormen statt des materiellen ein formelles Recht schaffen kann, und geht mit Recht das Bestreben aller neuen Prozeßordnungen dahin, dies möglichst zu vermeiden; aber ein materielles Unrecht erkennen in Folge unrichtig angewandter Prozeßnormen, ist doppelt schlimm und gefährlich. Es ist daher nicht gerechtfertigt, bei solchen Prozeßnormen, welche auf den Inhalt des Urtheils von Einfluß gewesen sind, zwischen „wesentlichen" und „nicht wesentlichen" zu unterscheiden, nnd zwar für den Civilprozeß ebensowenig, wie für den Strafprozeß. Anders verhält es sich mit solchen bloß instruktiven Prozeßvorschriften, von welchen man nicht sagen kann, ob ihre Verletzung auf die materielle Richtigkeit des Urtheils von Einfluß gewesen ist, oder nicht; hier ist es gerechtfertigt, nur die wesentlichen, welche als Grundlage der ganzen Prozedur, als Garantieen gegen richterliche Willkür erscheinen, in unser Rechtsmittel einzuschließen. Auch können aus dem Gesichtspunkte des Verzichts diejenigen im Vorverfahren begangenen prozessualischen Verstöße von der Geltendmachung durch unsre Rechtsmittel ausgeschlossen werden, welche bekannt und in der Hauptverhandlung nicht geltend gemacht sind.

Abgesehen von diesen Beschränkungen ist aber das höchste Reichsgericht das nothwendige Organ für die einheitliche Handhabung der neuen deutschen Civil- und Strafprozeßordnung.

Den obigen Folgerungen aus der Natur des Rechtsmittels entspricht der neueste Entwurf der deutschen Civilprozeßordnung §. 252, 480 f., 489, 498.

Ebenso entspricht denselben das bisher (seit 1858) für die Nichtigkeitsbeschwerde des Civilprozesses im Großherzogthum Oldenburg geltende Recht, Oldenburgsches Archiv a. a. O. S. 367 ff., doch sind der hieher gehörigen Nichtigkeitsbeschwerden sehr wenige gewesen, und betrafen diese meistens angebliche Verletzungen der Rechtsnormen über die Beweislast. Da diese letztgenannten im künftigen Reichsprozesse wegen des Wegfallens eines rechtskräftig werdenden Beweisinterlokutes auf die wenigen Fälle, in denen kein erheblicher Beweis für oder wider erbracht worden, sich beschränken, so ist vielleicht der Schluß gerechtfertigt, daß die Beschwerden wegen verletzten Prozeßrechts für die praktische Thätigkeit des höchsten Reichsgerichts nicht sehr in's Gewicht fallen werden.

Für die Beurtheilung einer Verletzung des materiellen Rechts kommen in Betracht:

1. Das abstrakte Recht.
2. Die concreten Thatsachen.
3. Die Anwendung von 1 auf 2, die Subsumtion der concreten Thatsachen unter das abstrakte Recht.

Die obige Begründung des Rechtsmittels ergiebt, daß nur die irrige Feststellung der concreten Thatsachen (2) von unserm Rechtsmittel ausgeschlossen sein soll, aber weder die irrige Annahme eines Rechts, das nicht wirklich Recht ist (1), noch die irrige Subsumtion (3). Das Recht ist von dem erkennenden Gerichte nicht bloß in den verhältnißmäßig seltenen Fällen verletzt, wenn es theoretisch mißverstanden, oder in thesi gegen seinen Inhalt erkannt ist, sondern auch dann, wenn es praktisch falsch angewandt ist, und dies muß m. E. selbst dann angenommen werden, wenn der Fehler nur im Denkakte bei der Subsumtion liegt *)

Mit dieser Sonderung (1—3) ist indessen für die praktische Anwendung nur ein Ausgangspunkt gewonnen; es wird nöthig sein, auf das Einzelne näher einzugehen und dabei die Grenzregulirung, insbesondere zwischen 2 und 3, in's Auge zu fassen:

Zu 1.

Das abstrakte Recht, auf dessen Verletzung unser Rechtsmittel gestützt werden kann, ist das gesammte Recht in seinem Zusammenhange; prinzipiell darf daher auch das Gewohnheitsrecht nicht ausgeschlossen sein. Selbst wenn dessen Anwendung im einzelnen Falle lediglich auf einem von den Parteien geführten Beweise beruht, wirkt seine Anerkennung oder Nichtanerkennung über den einzelnen Fall hinaus. Das allgemeine Interesse ist hier dasselbe, wie beim geschriebenen Recht.

Etwas anders verhält es sich mit dem ausländischen Recht. Zwar gehört dasselbe dem Gebiete des Rechts, nicht demjenigen der Thatsachen an, und kann auch die etwaige Feststellung in Folge eines Beweises die Ausschließung nicht rechtfertigen, aber es liegt auf der Hand, daß der Grund der Beschränkung unseres Rechtsmittels auf Rechtsverletzungen: die größere allgemeine Gefahr derselben, bei ausländischem Rechte in sehr vermindertem Maaße zutrifft. Mir scheint daher, daß man sich für oder wider den Ausschluß der

---

*) Die Frage, ob auch im Civilrecht der Irrthum einer Person in der Subsumtion stets als ein error juris anzusehen sei, lasse ich dahingestellt. Auf ihre verschiedene Beantwortung ist offenbar der Umstand von Einfluß gewesen, daß es im Civilrecht wesentlich auf die Entschuldbarkeit des Irrthums ankommt, und der Irrthum in der Subsumtion allerdings leichter entschuldbar ist, als derjenige über das Dasein oder den Inhalt eines abstrakten Rechtssatzes.

Verletzung ausländischen Rechts nach Zweckmäßigkeitsgründen entscheiden könne, ohne das Princip zu verletzen.

In Ansehung des einheimischen, in Deutschland geltenden Rechts ist das allgemeine Interesse seiner einheitlichen Anwendung, die allgemeine Gefahr seiner Verletzung um so größer, je größer der Bezirk seiner Geltung ist, am größten also für das im ganzen Reiche geltende Reichsrecht, allmälig abnehmend mit dem nur für einzelne größere und kleinere deutsche Länder, Provinzen, Oerter rc. geltenden Recht, bis zu dem Grade, daß bei den kleinern und kleinsten Geltungsbezirken von einer allgemeinen Gefahr der Verletzung, einem Interesse des deutschen Reichs an der Aufrechthaltung einer einheitlichen Anwendung gar nicht mehr die Rede sein kann. Hier ist es daher principiell gerechtfertigt, eine Grenze zu ziehen.

Für das Strafrecht ist diese Grenze schon mit der Unterscheidung der Reichs- und Landesgesetze gegeben. Mit dem kleinern Geltungsbezirke der Landesgesetze trifft hier zusammen, daß das Einführungsgesetz zum deutschen Strafgesetzbuche dem Landesstrafrecht nur Materien untergeordneter Wichtigkeit, im Wesentlichen nur Polizeiübertretungen, überläßt, für deren einheitliche Anwendung eine Fürsorge zu treffen nicht von allgemeinem Interesse ist. Für das Strafrecht kann daher die von der ständigen Deputation aufgestellte Frage schon hier dahin beantwortet werden:

> daß nur die Entscheidung über die richtige Anwendung der Reichsstrafgesetze dem höchsten Reichsgerichte zugewiesen ist.

Für das Civilrecht, geschriebenes wie ungeschriebenes, erscheint dagegen eine Beschränkung auf die richtige Anwendung der Reichsgesetze unangemessen.

Wir können unser jetziges höchstes Reichsgericht, welches mehr politischen, als rechtlichen Erwägungen seine Entstehung verdankt, und dessen bunte Kompetenz jeder principiellen Begründung spottet, nicht in diesem Zustande lassen. Die Sorge für die richtige Anwendung unseres einheitlichen Handels- und Wechselrechts muß nicht bloß ganz dahin gewiesen werden, statt, wie jetzt, nach Maßgabe mehr oder weniger zufälliger, sich mitunter — wie die Kaufmannseigenschaft des Beklagten — aus der bisherigen Prozeßlage gar nicht mit Sicherheit ergebender Umstände bald dem Reichsgericht, bald den Landesgerichten anheimzufallen, sondern es muß auch die Trennung des Handels- und Wechselrechts von dem übrigen Civilrecht in der Rechtsanwendung der höchsten Instanz aufhören. Wir können ferner mit der Zuweisung einzelner dem Reichsrecht angehörigen Materien an das höchste Reichsgericht, wie solche jetzt bei leider noch fehlender Reichskompetenz für das gesammte Civilrecht ein besonders dringendes Bedürfniß ohne innern Zusammenhang der einzelnen Materien hervorruft, nicht in der bisherigen Weise fortfahren, würden damit auch die Sorge für die einheitliche Handhabung unseres neuen Civilprozesses nicht verbinden können.

Dazu kommt, daß die größern deutschen Einzelstaaten mit einem Gericht 2. Instanz selbst dann nicht werden ausreichen können oder wollen, wenn diesem Gerichte nur die Entscheidung über die richtige Anwendung des Rechts zugewiesen wird. Beim Vorhandensein mehrerer Gerichte 2. Instanz in demselben Einzelstaate fehlt nun zwar für dasjenige Landesrecht, welches nur im Bezirke eines dieser Gerichte Geltung hat, das Bedürfniß einer dritten Instanz, und ist es daher, abgesehen von den seltenen Fällen, wo das nur im Bezirke eines Gerichts 2. Instanz geltende Partikularrecht der Cognition eines andern Gerichts 2. Instanz unterliegt, principiell richtig, wenn der §. 498 des Entwurfes die Sorge für die richtige Anwendung dieses Partikularrechts den Gerichten 2. Instanz in den Einzelstaaten zuweist. Dieselben werden zur Erfüllung dieser Aufgabe sogar präsumtiv besser geeignet sein, wie das höchste Reichsgericht, weil sie dies Recht, und die thatsächlichen Verhältnisse, aus denen es erwachsen ist, besser kennen. Um die gleichmäßige Anwendung ihres Landesrechts, soweit dessen Geltungsbezirk größer ist, als der Bezirk eines von mehreren Landesgerichten 2. Instanz, zu sichern, müssen die Einzelstaaten aber ein Gericht 3. Instanz verlangen, und dieses Gericht kann kein Landesgericht sein, wenn zugleich einem höchsten Reichsgerichte die Entscheidung über die richtige Anwendung der Reichsgesetze zugewiesen werden soll. Eine doppelte Anfechtung der Erkenntnisse 2. Instanz bei den höchsten Landesgerichten und dem höchsten Reichsgerichte, je nachdem Landesrecht oder Reichsrecht verletzt worden, wäre nur unter der nicht zutreffenden Voraussetzung möglich, daß kein Erkenntniß 2. Instanz zugleich wider Landesrecht und wider Reichsrecht verstoßen könnte.

Bis dem Reiche nicht bloß die Kompetenz über das gesammte bürgerliche Recht zugewiesen, sondern auch von dieser Kompetenz soweit Gebrauch gemacht ist, daß im Wesentlichen alles Civilrecht, an dessen einheitlicher Gestaltung die gesammte deutsche Nation ein Interesse hat, einheitlich gestaltet ist, werden wir daher die Zuständigkeit unseres höchsten Reichsgerichts nicht auf die richtige Anwendung der Reichsgesetze beschränken können, sondern dieselben auf die richtige Anwendung desjenigen Landesrechtes erstrecken müssen, welches einen größern Geltungsbezirk hat, als der Bezirk des Gerichts 2. Instanz, dessen Erkenntniß angefochten wird (§. 489 des Entwurfs).

Jedoch mit einer Beschränkung: Wie im Strafrechte (s. oben) finden sich auch im Civilrechte partikularrechtliche Bestimmungen so untergeordneter Wichtigkeit, daß eine besondere Fürsorge für ihre einheitliche Anwendung durch ein höchstes Gericht auch dann entbehrt werden kann, wenn sie in den Bezirken mehrer Gerichte 2. Instanz Geltung haben. Dazu kommt, daß ihre Geltung in mehren Gerichtsbezirken 2. Instanz oft weniger auf der Größe ihres Geltungsbezirkes überhaupt, als auf mehr oder weniger zufälligen äußern Umständen beruht, z. B. auf der Annahme des eine Rechtsmaterie untergeordneter Wichtigkeit betreffenden Gesetzes eines Kleinstaates in einem andern Kleinstaate, oder auf der Unterordnung eines entlegenen kleinen Theiles eines Staates unter das Gericht 2. Instanz eines benachbarten Staates, statt unter dasjenige des Staates, zu dem er gehört, und mit dem er das meiste Particularrecht theilt, oder auf der Abtretung eines kleinen Stückes Land von einem Staat an einen andern mit Beibehaltung seines Partikularrechts rc.

In welcher Weise sollen aber diese einer Sorge für ihre einheitliche Anwendung durch das höchste Reichsgericht nicht bedürfenden Partikularrechte, obgleich ihre Geltung sich über den Bezirk eines Gerichts 2. Instanz hinaus erstreckt, ausgeschlossen werden? Dieselben in der deutschen Civilprozeßordnung einzeln aufzuzählen, wird nicht thunlich sein, weil das Register in Folge des fortdauernden Gesetzgebungsrechts der Einzelstaaten zu oft würde geändert werden müssen. Vorzuziehen wäre m. E. eine Aufzählung derjenigen Rechtscomplexe und einzelnen Landesgesetze, über deren richtige Anwendung die Entscheidung dem höchsten Reichsgericht zugewiesen werden soll, also:

des gemeinen Civilrechts,

des Rechts des code civil,

des Preußischen Landrechts,

des in ganz Preußen, ganz Baiern oder in anzugebenden größern Theilen Preußens oder Baierns Geltung habenden Civilrechts, (gegenwärtigen und künftigen),

des in ganz Sachsen oder ganz Würtemberg Geltung habenden Civilrechts, wenn diese Länder mit einem Gerichte 2. Instanz nicht sollten ausreichen können,

und etwa noch desjenigen besonders zu bezeichnenden Civilrechts, dessen richtige Anwendung der Fürsorge des höchsten Reichsgerichts nach den obigen Grundsätzen angemessen zuzuweisen wäre. Neue Gesetze dieser Bedeutung werden nicht zahlreich sein, und würde es Sache der einzelnen Staaten sein, deren spätere Aufnahme in die deutsche Civilprozeß-Ordnung zu beantragen.

Mag man nun in solcher oder ähnlicher Weise die Competenz des höchsten Reichsgerichts beschränken, oder bei der Beschränkung des §. 498 Abs. 2 des Entwurfes stehen bleiben, ein Uebelstand muß hierbei mit in den Kauf genommen werden, die Schwierigkeit einer Trennung weniger des Reichsrechts, als der Rechtscomplexe des gemeinen Civilrechts, des code Napoléon und des preußischen Landrechts von dem ausgeschlossenen Particularrechte. Es ist mir unmöglich, diese Schwierigkeit ganz zu erkennen, da mir das particulare Civilrecht nicht genügend bekannt ist, ich nicht einmal beurtheilen kann, wie weit das preußische Landrecht mit seinen Ergänzungen ein mehr oder weniger abgeschlossenes, für eine besondere Anfechtung seiner Verletzung geeignetes Rechtssystem bildet. Ich muß mich begnügen, hier einzelne Schwierigkeiten hervorzuheben.

a. Das auszuschließende Particularrecht enthält großentheils nur eine Modification einzelner Bestimmungen der genannten großen Rechtscomplexe, und kann der Entwickelung, Auslegung und Ergänzung aus diesen Rechtscomplexen nicht entbehren.

Es wird die Auffassung gerechtfertigt sein, daß überall dann, wenn von den Gerichten zweiter Instanz ein von der Prüfung dritter Instanz ausgeschlossenes Particularrecht angewandt ist, dasselbe in dritter Instanz wie eine vom Gerichte zweiter Instanz festgestellte Thatsache angesehen werde — einer Urkunde gleich, deren Geltung von den Parteien vereinbart ist —, und die Anfechtung nur dann zulässig sei, wenn die Anwendung nach Bestimmungen des der Cognition des höchsten Reichsgerichts zugewiesenen Rechts als ungesetzlich erkannt werden muß. Es wäre hiernach z. B. die Argumentation des Gerichts zweiter Instanz, daß durch das Particularrecht nach der Absicht des Gesetzgebers die Anwendung einer Rechtsnorm des gemeinen Civilrechts habe ausgeschlossen sein sollen, der Anfechtung beim höchsten Reichsgericht entzogen, s. §. 498 Abs. 3 des Entw.

b. In denjenigen Rechtsgebieten, wo römisches und deutsches Civilrecht zusammenstoßen, ohne daß Particular-Gesetze eingreifen, ist das Verhältniß beider zu einander von der Wissenschaft keineswegs mit der Sicherheit festgestellt, daß ihre Lehre als Basis der Competenz des höchsten Reichsgerichts dienen könnte. Für ein einzelnes Gebiet sind dagegen Gewohnheit, Praxis und Wissenschaft selten in Zweifel, welche von sich widersprechenden Rechtsnormen römischen und deutschen Ursprungs in Geltung sei. Jede muß da, wo sie gilt — was im etwaigen Zweifelsfalle zu erweisen — der Cognition des höchsten Reichsgerichts unterliegen, wenn sie nur überall da Geltung in Anspruch nehmen kann, wo die andere keine Geltung hat (wie m. E. z. B. das römische Dotalrecht). Keine Vermuthung für oder gegen die vorzugsweise Anwendung der römischen oder deutschen Rechtsnorm darf hierbei den Ausschlag geben.

c. Anlangend das Verhältniß der genannten großen Rechtscomplexe zu einander, so darf weder die subsidiäre Geltung des einen, noch selbst ihre bloße Bedeutung als ratio scripta die Anfechtung wegen Verletzung ihrer Rechtsnormen da, wo sie zu Raum kommen, ausschließen.

Das Rechtsmittel der Cassation kann in Frankreich nicht darauf gegründet werden, daß im gegebenen Falle ein Gesetz des römischen Rechts nicht in Anwendung gebracht, oder falsch ausgelegt worden sei.

Zachariae franz. Civilrecht I. S. 33.

Diese Beschränkung wird für unser Rechtsmittel in den Gegenden des deutschen Reichs, wo der code civil Geltung hat, wegfallen müssen, wie dies auch vom oldenburgischen Oberappellationsgerichte in Beziehung auf das Fürstenthum Birkenfeld bisher angenommen ist. Aus dem Umstande, daß wir beim ausländischen Rechte nicht wohl Geltungsbezirke feststellen können, ergiebt sich ein weiterer Grund für den Ausschluß desselben von der Kompetenz des höchsten Reichsgerichts. Es wäre doch zu inconsequent, einheimisches Localrecht auszuschließen, nicht aber ausländisches Localrecht, das in keinem größern Bezirke Geltung hat.

Allem Bisherigen nach ist daher die Kompetenz des höchsten Reichsgerichts im Civilprozesse zu beschränken auf die richtige Anwendung der Reichsgesetze und desjenigen einzeln anzugebenden einheimischen Landesrechts, welches sich nicht bloß über den Bezirk eines Gerichts zweiter Instanz hinaus erstreckt, sondern auch durch die Größe seines Geltungsbezirkes und die Erheblichkeit der Rechtsmaterie, welche es befaßt, ein Interesse des Reichs an seiner einheitlichen Anwendung rechtfertigt.

Ob und wieweit die Kompetenz des höchsten Reichsgerichts im Civilprozesse noch weiter zu begrenzen ist, wird sich erst bestimmen lassen, wenn wir den Umfang des Rechtsmittels ganz übersehen.

Zu 2.

Die sämmtlichen im einzelnen Falle relevanten Thatsachen, auf welche das Recht unmittelbar angewandt werden soll, erhalten dadurch, daß das Gericht sie für solche erklärt, auf welche eine bestimmte Rechtsvorschrift Anwendung leide, einen juristischen Stempel; ich will die so qualificirten Thatsachen in dem Folgenden „juristische Thatsachen" nennen. Hat das Gericht bei dieser rechtlichen Qualifikation, bei der Gleichstellung einer reinen und juristischen Thatsache, geirrt, so liegt ein Fehler der Subsumtion (3) vor, welcher der Anfechtung durch unser Rechtsmittel unterliegt. Wir haben aber hier zu 2 von diesem Fehler abzusehen, und die der Rechtsanwendung zum Grunde gelegten Thatsachen, zunächst nur als reine Thatsachen, beziehungsweise als solche, deren rechtliche Qualifikation feststeht, in's Auge zu fassen. Hierbei zeigt sich, daß auch diese Thatsache nur ausnahmsweise zugleich diejenigen Thatsachen sind, welche ursprünglich dem entscheidenden Instanzgericht zur Rechtsanwendung vorgelegt sind. Um die ursprünglich dem Gericht vorgelegten Thatsachen:

die Erklärungen der Parteien, den Inhalt der produzirten Urkunden, die Aussagen der Zeugen, Sachverständigen, das durch Augenschein Wahrgenommene ꝛc.

zu solchen Thatsachen zu gestalten, auf welche das Recht unmittelbar angewandt werden kann, bedarf es meistens einer weitern Entwickelung derselben nach Regeln des Denkens, der Auslegung und des Beweises. Solche Entwickelung, thatsächliche Würdigung der ursprünglichen Thatsachen kann nur in den seltenen Fällen mit unserm Rechtsmittel angefochten werden, wenn sie eine Verletzung gesetzlicher Auslegungsregeln, oder gesetzlicher Beweisvorschriften enthält (s. §. 484 Z. 3 des Entw.). Dies gilt nicht bloß dann, wenn solche Würdigung sich bloß im Aeußern bewegt, wenn von einer oder mehren äußern Thatsachen auf eine dritte äußere Thatsache geschlossen wird, sondern auch für den Fall, wo aus den bekundeten äußern Thatsachen auf die innere Absicht der dabei betheiligten Personen geschlossen wird. Auch in diesem Falle steht nur eine einzelne concrete Thatsache in Frage, keine allgemeine Rechtsnorm.

Eine allgemeinere, über den einzelnen Fall hinausreichendere Bedeutung kann die thatsächliche Würdigung indessen haben, wenn die ursprünglichen Thatsachen solche sind, welche wiederholt in derselben äußern Gestaltung verschiedenen Rechtsverhältnissen zum Grunde gelegt werden. Dies gilt insbesondere von solchen urkundlichen Aeußerungen, welche einer Reihe von Rechtsverhältnissen zum Grunde liegen, wie Eisenbahnreglements, Versicherungsbedingungen, (s. Verhandl. des 9. Jur.-Tages III. S. 322) ferner von solchen urkundlichen Aeußerungen, welche erfahrungsgemäß in größern Bezirken gleichmäßig in demselben Sinne gebraucht werden, sei es nun von den bei Rechtsgeschäften betheiligten Personen selbst, sei es von den regelmäßigen Concipienten der Urkunden. Es würde der innern Begründung unseres Rechtsmittels nicht widerstreiten, wenn auch die thatsächliche Würdigung solcher urkundlichen Aeußerungen seiner Anfechtung unterworfen würde.

Hat das Gericht diejenigen reinen Thatsachen, auf welche das Recht unmittelbar anzuwenden ist, unrichtig, oder, weil es dieselben für irrelevant hielt, gar nicht in den Thatbestand des Urtheils aufgenommen, so ist den Parteien im Entwurfe der deutschen Civilprozeßordnung (§. 276) noch das Hülfsmittel des Antrages auf eine Berichtigung gegeben, welches unsere bisherigen Strafprozeßordnungen nicht kennen, der Strafprozeß aber auch nicht in dem Grunde bedarf, wie der Civilprozeß.

Im Strafprozesse muß die Partei vor dem Urtheile durch Anträge auf Festsetzung zum Sitzungsprotokoll, oder im Schwurgerichtsprozesse durch Anträge auf verbesserte oder vervollständigte Fragstellung für die richtige Feststellung aller relevanten Thatsachen sorgen, und es kann dies von ihr verlangt werden, weil es sich im Strafprozesse um Anwendung eines oder weniger bestimmter Gesetzesparagraphen auf eine That, und zwar die That einer gegenwärtigen Partei handelt, so daß das Erkennen aller möglicher Weise relevanten Thatsachen schon vor dem ersten Urtheile selten schwierig ist.

Ganz anders im Civilprozesse. Hier handelt es sich einerseits oft in demselben Prozesse um eine große Mannigfaltigkeit auf verscheidene Weise in einander greifender thatsächlicher Lebensgestaltungen, objektiver Verhältnisse, die mit der Handlungs- oder Gesinnungsweise einer Partei nichts zu thun haben, mitunter sogar solcher Thatsachen, von denen kein Lebender Kunde hat und haben kann, anderntheils ist die Klage nicht, wie im Strafprozesse, von vornherein auf Uebertretung gewisser Gesetzesparagraphen gerichtet, sondern die Menge der verschiedenen Gesetzesbestimmungen, welche möglicher Weise Anwendung finden können, ist so groß, daß man vom Kläger nicht einmal die Angabe der einzelnen Rechtsbestimmungen verlangt und verlangen kann, auf deren Verletzung er seine Klage stützt.

Die hiernach dem Civilgericht, im Gegensatz zu dem Strafgericht, zufallende Aufgabe, das im einzelnen Falle anwendbare Recht erst zu suchen, kann durch fortschreitende Codification unseres Rechts gemindert werden, auch wird unsere neue Prozeßordnung auf Vereinfachung der Klagen hinwirken, und den vom Prof. Gneist auf dem letzten Juristentage mit Recht gerügten Mißbrauch beseitigen, daß unsere Anwälte die von der Partei erhaltene Instruktion unverarbeitet dem Gericht vorlegen, aber ganz beseitigen läßt sich solche aus der Natur des Civilrechts und Civilprozesses fließende Aufgabe des Civilgerichts nicht.

Für den Civilprozeß ergiebt sich hieraus die Forderung, daß den Parteien nach dem Urtheile, wenigstens der ersten Instanz, noch einmal Gelegenheit gegeben werden muß, die Relevanz der vorgebrachten reinen Thatsachen zu prüfen, und für die vollständige und richtige Feststellung der als relevant erkannten zu sorgen. Dahin gehören:

a. die nach der rechtlichen Auffassung des Gerichts relevanten Thatsachen, welche von demselben nur aus Versehen oder wegen unrichtiger Auffassung des Vorgebrachten, im Thatbestande des Urtheils übergangen, oder unrichtig angegeben sind. Versehen sind in Folge des Berichtigungsantrages zu beseitigen. Unrichtige Auffassungen, die das Gericht für richtig hält. bleiben für unser Rechtsmittel unanfechtbar; sie werden aber bei einem Kollegialgerichte und mündlichem Verfahren selten sein, es bedarf einer besondern Anfechtung hier ebensowenig, wie im Strafprozesse.

b. die nach der rechtlichen Auffassung einer Partei relevanten Thatsachen, welche das Gericht nicht für relevant gehalten, und deshalb in den Thatbestand seines Urtheils gar nicht oder unvollständig aufgenommen hat. Es sind dies die regelmäßigen Fälle einer mangelhaften Darstellung des Thatbestandes im Urtheil, und sie erklären sich genügend daraus, daß man dem erkennenden Gerichte die Aufnahme von ihm nicht für relevant gehaltener Thatsachen in den Thatbestand des Urtheils nur dann zumuthen kann, wenn ihm die Relevanz zweifelhaft erschienen ist, und die Irrelevanz in den Entscheidungsgründen begründet werden soll.

Wenn aber auch einer Partei im ersten Stadium des Civilprozesses noch nicht zugemuthet werden kann, sich das anwendbare Recht klar zu machen, so kann doch m. E. nach dem Urtheile erster Instanz dies Verlangen wohl an sie gestellt werden, und muß sie demgemäß im Stande sein, jetzt durch einen Berichtigungs-Antrag die Aufnahme aller derjenigen in erster Instanz vorgebrachten Thatsachen, welche sie für relevant zu halten hat, das Gericht aber nicht für relevant gehalten hat, und welche, wenn die Rechtsansicht der Partei begründet ist, unser wegen unrichtiger Rechtsanwendung zulässiges Rechtsmittel begründen können, in den Thatbestand des Urtheils zu verlangen. Diesem Verlangen hat das Gericht, wenn es das thatsächliche Vorbringen für richtig hält, zu entsprechen; sollte dasselbe dennoch den Antrag aus dem Grunde der Irrelevanz des Vorgebrachten zurückweisen, so wäre — die Rechtsansicht des Antragstellers als richtig vorausgesetzt — unser Rechtsmittel wegen unter Verletzung des Gesetzes stattgefundener Uebergehung von Thatsachen (§. 484 Z. 3 des Entw.) begründet.

Wie aber, wenn das erst nach dem Urtheile erster Instanz in vollem Umfange zu rechtfertigende Verlangen, daß die Parteien sich den Rechtsgrund ihrer Anträge klar zu machen haben, dahin führt, daß eine Partei erkennt, sie habe nicht alle relevanten Thatsachen, die für sie sprechen, in erster Instanz vorgebracht? Hier kann der Partei in diesem Prozesse nur durch Zulassung von novis in zweiter Instanz geholfen werden, und treffen wir so auf einen der Gründe, welche dafür sprechen, unser Rechtsmittel auf die dritte Instanz zu beschränken. Die unbeschränkte Zulassung von novis in zweiter Instanz macht auch selbstredend das Berichtigungsverfahren nach dem Urtheile erster Instanz — abgesehen von dem Einfluß auf den Kostenpunkt — überflüssig.

Was bisher von der Berichtigung in Beziehung auf reine Thatsachen gesagt ist, leidet auch Anwendung:

Zu 3, wenn das Gericht juristische Thatsachen in den Thatbestand des Urtheils aufgenommen hat, ohne sie auf die vorliegenden reinen Thatsachen zurückzuführen.

Wie bemerkt, wird jede Thatsache dadurch, daß auf sie das Recht unmittelbar angewandt werden soll, daß sie im einzelnen Falle relevant erscheint, zu einer juristischen Thatsache, deren Feststellung mit unserm Rechtsmittel angefochten werden kann, wenn sie nicht mit den vorgebrachten, beziehungsweise zugestandenen oder als erwiesen angenommenen reinen Thatsachen zusammenfällt.

Dies Zusammenfallen, welches das erkennende Gericht bei der Feststellung einer juristischen Thatsache zwar immer angenommen haben muß, aber oft, und fast immer dann, wenn es ihm gar nicht zweifelhaft erschienen ist, in der Feststellung des Thatbestandes nicht erkennbar gemacht hat, muß die Partei prüfen, und im Falle sie die Feststellung einer juristischen Thatsache anfechten will, für die vollständige Feststellung der reinen Thatsachen auf die zu 2. angegebene Weise sorgen, indem andernfalls eine in der Feststellung einer juristischen Thatsache liegende, aber nicht erkennbare unrichtige Rechtsanwendung mit unserm Rechtsmittel nicht mehr angefochten werden kann.

Hier liegt nach meiner Erfahrung die größte Schwierigkeit der schwierigen Trennung der That- und Rechtsfrage. Sie ist im Civilprozesse viel größer, wie im Strafprozesse, nicht bloß wegen der größern Mannigfaltigkeit der Thatsachen einerseits, der Rechtsbestimmungen andererseits, sondern auch, weil ein großer Theil des Civilrechts (römisches, altdeutsches, Gewohnheits-Recht) nicht in so fester greifbarer Gestalt vor uns liegt, wie ein Strafgesetzbuch, der anzuwendende Rechtssatz oft gar nicht mit bestimmten Worten ausgesprochen ist, sondern erst durch eine juristische Verarbeitung verschiedener Rechtsbestimmungen gewonnen werden muß. Wo in solchen Fällen die reine Thatsache aufhört, und die juristische anfängt, oder mit andern Worten: wo die thatsächliche Entwickelung aufhört, und die Gleichstellung mit den hypothetischen Thatsachen des Reichsgesetzes anfängt, ist schwer zu verkennen, namentlich bei dem Schließen aus äußern Thatsachen auf innere Willensrichtungen. Dazu kommt, daß einzelne Rechtsnormen an keinen genau festzustellenden Thatbestand geknüpft sind, sondern nur leitende Gesichtspunkte für den Richter aufstellen, daß das Recht selbst bei Anwendung einzelner Rechtsbegriffe, wie der culpa, culpa lata, bona fides, dem Richter ein von dem thatsächlichen nicht zu unterscheidendes Ermessen freigestellt hat. Es wächst hieraus der Zweifel, ob die Bemerkung der Frage:

> sind gewisse Handlungen und Erklärungen mit Einschluß der innern Absicht des Handelnden oder Sprechenden, wie solche vom Thatrichter festgestellt worden, als solche anzusehen, die unter den Rechtsbegriff der culpa fallen?

auch dann als unrichtige Subsumtion der Thatsachen unter das Recht angefochten werden kann, wenn keine unrichtige Auffassung des Rechtsbegriffs der culpa erkennbar, sondern nur in Anwendung des vom Recht selbst dem Richter freigestellten Ermessens gefehlt ist (vom Oldenb. O. A. G. verneint: siehe Archiv a. a. O. S. 352).

In der großen Schwierigkeit der Trennung der bloß thatsächlichen

Würdigung von der Subsumtion unter das Recht liegt m. E. auch der Hauptgrund der ungünstigen Beurtheilung der bisherigen Nichtigkeitsbeschwerde in Deutschland. Was Bähr in seiner Schrift, das Rechtsmittel 2. Instanz im D. Civ.-Prozesse, hierüber sagt, kann ich im Allgemeinen nach meiner Erfahrung in Oldenburg nur bestätigen. Für uns Richter des Oldenb. Gerichts ist die Trennung der That- und Rechtsfrage so schwer, daß sie einen großen Theil unserer Arbeitszeit in Anspruch nimmt, für die unserer täglichen Geistesoperation ungewohnten Anwälte ist sie so schwer, daß sie zu einer großen Zahl unzulässiger Nichtigkeitsbeschwerden führt, für die Instanzgerichte ist sie so schwer, daß wir mitunter, wenn wir mit deren Urtheil nicht einverstanden sind, aus den ausführlichen Entscheidungsgründen nicht zu erkennen vermögen, ob der unserer Ansicht nach vorhandene Mangel auf unrichtiger Entscheidung einer Thatfrage oder Rechtsfrage beruht. Diese Erfahrung hat auch bei uns der seit 1858 bestehenden, anfangs im Civilprozesse auf den Fall:

> wenn die Instanzgerichte über das zur Anwendung zu bringende Recht verschiedener Ansicht gewesen sind, und aus diesem Grunde verschieden erkannt haben,

beschränkten, später wegen jeder Rechtsverletzung zugelassenen Nichtigkeitsbeschwerde so wenig Wohlwollen erworben, daß Bähr's Verurtheilung dieses Rechtsmittels größtentheils mit Freude begrüßt wurde.

Uebrigens treten die hervorgehobenen Schwierigkeiten auch bei unserer Nichtigkeitsbeschwerde im Strafprozesse ein, es sind sogar der offenbar unzulässigen Nichtigkeitsbeschwerden verhältnißmäßig im Strafprozesse mehr, wie im Civilprozesse, und muß ich bemerken, daß wir Richter beim Oldenb. Gerichte doch schließlich sehr selten verschiedener Meinung sind, ob eine Thatfrage oder Rechtsfrage vorliege. Berücksichtige nun ich außerdem, daß unser Rechtsmittel für die letzte Instanz in Straf- und Civilsachen eine durch innere Gründe gerechtfertigte Nothwendigkeit ist, und daß die bisherigen Mängel der praktischen Handhabung zum nicht geringen Theile aus der bisherigen Unkenntniß seines Wesens entsprungen sind, einer Unkenntniß, die zum Theil auf der Seltenheit seiner Anwendung, zum Theil darauf beruht, daß unsere Juristen von ihm auf den Universitäten noch so gut wie nichts hören, und dasselbe erst in der Praxis eines spätern Lebensalters kennen lernen, daß dieser Uebelstand sich aber mit der Zeit und der weitern Verbreitung unseres Rechtsmittels vermindern muß, so kann ich mich des Wunsches nicht entschlagen, daß ungeachtet der großen Bedenken meine im Jahr 1860 ausgesprochene Erwartung:

> „Wird in Strafsachen auch für Vergehen die zweite Instanz aufgehoben, und nur wegen verletzten Rechts noch ein Rechtsmittel zugelassen, so wird dahin zu streben sein, daß auch im deutschen

Civilprozesse die zweite Instanz für Thatfragen hinwegfalle." Old. Archiv a. a. O. S. 370.

schon in den deutschen Prozeßordnungen ihre Erfüllung finden.

Da dieser Punkt für die noch zu erörternde Frage der Beschränkung des höchsten Reichsgerichts auf die Abweichungen des Erkenntnisses zweiter Instanz von demjenigen erster Instanz von größter Bedeutung ist, so erlaube ich mir ungeachtet des ablehnenden Votums des 9. deutschen Juristentages noch kurz zu bemerken, daß ich meinen Wunsch insbesondere deshalb für gerechtfertigt halte, weil ohne dessen Erfüllung eine nur durch nothwendige Ausnahmen beschränkte Beweisaufnahme vor dem erkennenden Gerichte, eine eidliche Vernehmung der Parteien als Zeugen in eigner Sache, und eine wenn auch beschränkte Theilnahme der Laien an der Civilrechtsprechung nicht zu erreichen sind.

Erheblich abschwächen könnte man die Bedenken gegen die Zulassung unseres Rechtsmittels schon wider die Urtheile erster Instanz, wenn man den das Rechtsgefühl der Richter und Parteien in hohem Grade verletzenden Zwang: ein vorliegendes Original nicht mit eigenen Augen, sondern mit denen eines Gerichts unterer Instanz ansehen zu müssen, beseitigen, und alle Schlußfolgerungen aus solchen reinen Thatsachen, welche der zweiten Instanz in derselben Reinheit und Vollständigkeit vorliegen, wie der ersten Instanz:

also: Urkunden, mit Einschluß der Anträge und zum Sitzungsprotokoll festgestellten Erklärungen der Parteien,

warum nur Urkunden über Rechtsgeschäfte nach §. 479 des Entwurfs? vielleicht um die Abweichung vom Princip thunlichst zu beschränken, und doch die zu 2 gedachten Urkunden mit Sicherheit einzuschließen?

der Anfechtnng unterwürfe, ohne Unterscheidung, ob die Schlußfolgerungen (Auslegung) thatsächlicher oder rechtlicher Natur sind

Es würden dann nur diejenigen thatsächlichen Wahrnehmungen des Gerichts erster Instanz, welche der zweiten Instanz in ganz derselben Weise zur Kenntniß kommen,

also: die übrigen Erklärungen der Parteien, die Aussagen der Zeugen 2c.

und die aus ihnen gezogenen thatsächlichen Folgerungen der Beurtheilung ihrer Richtigkeit von Seiten des Gerichts zweiter Instanz entzogen werden. In dieser letzten Beziehung noch weiter zwischen der bloßen Darstellung des Thatbestandes im Urtheile, und den aus ihm gezogen Folgerungen zu unterscheiden, so daß nur der Beweis, das historische Fürwahrhalten reiner Thatsachen, unserm Rechtsmittel entzogen würde, scheint mir unthunlich, weil jene

Darstellung gar nicht rein — d. i. genau mit den Worten der Parteien und Zeugen ꝛc. — gegeben werden kann, sondern stets schon Folgerungen enthalten muß.

Auch wäre die Competenzerweiterung in Betreff der Urkundenauslegung m. E. auf die zweite Instanz zu beschränken (gegen den Entwurf), weil wir dieser Auslegung doch keine größere Bedeutung beimessen dürfen, als der Auslegung des von der Cognition dritter Instanz ausgeschlossenen Particularrechts, und weil der ohnehin schon sehr große angreifbare Stoff für das höchste Reichsgericht nicht ohne dringendes Bedürfniß zu erweitern ist. Endlich darf nicht unberücksichtigt bleiben, daß die Auslegung von Urkunden häufig nicht bloß nach Sprach- und Denkregeln, zu denen auch viele Interpretationsregeln des corpus juris gehören, sondern zugleich mit Rücksicht auf andere thatsächliche Momente, z. B. auf die betheiligten Personen, die begleitenden Umstände, erfolgt, deren Feststellung wir nicht gleichfalls der Anfechtung durch unser Rechtsmittel unterwerfen können, wenn wir nicht die innere Begründung dieses Rechtsmittels völlig bei Seite setzen wollen. Es muß also eine Beschränkung auf den Fall eintreten, wo die unrichtige Auslegung der Urkunden allein das unrichtige Urtheil veranlaßt hat, oder doch in ersichtlicher Weise auf dasselbe von Einfluß gewesen ist. S. §. 492 Abs. 2 des Entw.

Von den ferneren Bedenken gegen den Ausschluß der Berufung in der Thatfrage ist m. E. das erheblichste:

> daß man in dem Falle, wenn eine Partei erst im letzten Verhandlungstermin genau erfahren hat, was der Gegner vorbringt und beweist, ihr keinen Vorwurf eigner Nachlässigkeit machen kann, wenn sie nicht sofort im Stande ist, Alles vorzubringen, was die Bedeutung des ihr erst jetzt bekannt Gewordenen zu beseitigen vermag.

Auch dieses Bedenken könnte man abschwächen, wenn man in ähnlicher Weise, wie im Strafprozesse mit Voruntersuchung, eine vor einem Einzelrichter stattfindende Beweisaufnahme durch Zeugen und Sachverständige vor der letzten Hauptverhandlung den Parteien freistellte (s. die Verhandl. des 9. Juristentages, III. S. 312, 317 f.) und dem Gerichte die Befugniß gäbe, in verwickelten Fällen eine solche Beweisaufnahme anzuordnen.

Nach dieser Beweisaufnahme würden dann erst die Parteien diejenigen Zeugen und Sachverständigen zu bezeichnen haben, auf welche sie vor dem erkennenden Gerichte sich berufen wollen. In Betreff der Vorladung dieser Zeugen ꝛc., der Vorlesung der Aussagen inzwischen verstorbener oder zu erscheinen verhinderter Zeugen, der Ladung und Stellung neuer Zeugen, des Vorschlags neuer Zeugen im letzten Verhandlungstermine, welcher Vorschlag nur in Verbindung mit einem besonders zu begründenden Antrage auf Aussetzung zuzulassen wäre u. s. w., würden im Allgemeinen dieselben Vorschriften zu Raum kommen können, wie sie sich in den neuern Strafprozeßordnungen finden.

Damit dürfte auch der Vorwurf eines mangelnden Schutzmittels gegen chikanöse Verschleppung des Prozesses in erster Instanz entkräftet sein.

Ich kehre jetzt zu der ausgesetzten Frage zurück:

ob noch eine weitere Beschränkung der Kompetenz des höchsten Reichsgerichts in Civilsachen, als die oben (zu 3 a.) aus der Natur unseres Rechtsmittels abgeleitete, zu erstreben sei?

M. E. ist diese Frage mit den Entscheidungsgründen zum Justiz-Min.-Entwurf §. 15. S. 246 zu bejahen.

Neben den Senaten für Strafsachen wird das höchste Reichsgericht jedenfalls mehre Senate für Civilsachen bedürfen, und halte ich dies auch noch für kein Uebel, sondern für einen Vortheil. Die Entscheidung aller Civilsachen von denselben Personen in einem Senate würde leicht dahin führen, den Präjudikaten eine allzu große Bedeutung zu geben. Die in den Erkenntnissen des höchsten Reichsgerichts ausgesprochenen Rechtsansichten können und sollen nie Recht selbst werden, sondern nur eine Autorität in Anspruch nehmen, welche im Wesentlichen darauf beruht, daß dasjenige, was von denselben Personen einmal geprüft und als richtig anerkannt ist, nur dann von neuem geprüft wird, wenn durch einen neuen Rechtsfall, durch öffentliche Beurtheilung der früheren Entscheidung, durch neue wissenschaftliche Erörterung oder sonst angeregte Bedenken dazu auffordern. Dieses in der Natur der Dinge und Menschen liegende Festhalten an dem einmal für richtig Erkannten erstreckt sich in gemindertem Grade auch auf die übrigen Mitglieder desselben höchsten Gerichtshofes. Die hohe thatsächliche Bedeutung der Erkenntnisse dieses Gerichtshofes für ihn selbst, die Untergerichte und das gesammte Rechtsleben durchdringt alle Mitglieder mit dem Wunsche, daß der Richtigkeit der von ihnen ausgesprochenen Rechtsüberzeugung die allgemeine Anerkennung, und insbesondere diejenige ihrer Kollegen zu Theil werde. Es werden daher wichtige Rechtsfragen schon vor einer bevorstehenden Entscheidung auch mit dem nicht erkennenden Senate angehörigen Kollegen durchgesprochen.

Die Autorität der Präjudikate eines höchsten Gerichts, welches immer in derselben Zusammensetzung derselben Personen erkennt, wird leicht eine zu große, weil es Menschennatur ist, an dem einmal nach voller aufrichtiger und angestrengter Prüfung für Recht Erkannten und Ausgesprochenen zu starr festzuhalten, die Veranlassung erneuter Prüfung als zu gering anzusehen, und so eine mechanische Mustergültigkeit der Präjudikate in Anspruch zu nehmen. Eine solche der freien geistigen Prüfung hinderliche Macht der Präjudikate wird noch erhöht durch sogenannte Plenarbeschlüsse der in einem Kolleg vereinigten Senate, die glücklicherweise beim mündlichen Verfahren fast unmöglich werden. Die durch die Theilung in mehre Senate, deren Mitglieder unter einander zu Zeiten wechseln, geminderte Autorität der Erkenntnisse eines Senates, welches mit einer Verschiedenheit der Erkenntnisse mehrer Senate aufhört, mit einer Uebereinstimmung derselben sich steigert, entspricht dagegen am besten der wirklichen Bedeutung der Präjudikate und der richtig verstandenen Sorge für einheitliche Handhabung des Rechts. Die Theilung darf aber nicht soweit gehen, daß die Mitglieder der einzelnen Senate sich fremd bleiben, daß die Senate wie verschieden neben einander und nur zufällig an demselben Orte fungirende Gerichte erscheinen, denn dann würde die Autorität der Präjudikate nicht bloß in wünschenswerther Weise gemindert, sondern fast aufgehoben werden.

Hiernach dürfte die Zahl von 100 Mitgliedern des höchsten Reichsgerichts, welche für alle Entscheidungen über die richtige Anwendung der Reichs- und Landesgesetze in dem oben gefundenen Maaße kaum ausreicht (s. die ang. Motive), auch unter Mitberücksichtigung der Möglichkeit einer Eintheilung der Senate nach der Verschiedenheit des angreifbaren Rechtsstoffs für eine übergroße zu halten sein, und glaube ich deshalb, daß in der deutschen Civilprozeßordnung noch auf eine weitere Beschränkung unseres Rechtsmittels Bedacht genommen werden muß.

Von allen vorgeschlagenen Beschränkungen halte ich aber wiederum diejenige des §. 497 des Entwurfs für die beste, unter der Voraussetzung, daß von der Kognition der zweiten Instanz die Prüfung reiner Thatfragen ausgeschlossen wird, mit etwaiger Ausnahme der Auslegung von Urkunden. Würde dann aus den schon oben angegebenen Gründen auch die unrichtige Anwendung des ausländischen Rechts und die unrichtige Auslegung von Urkunden von der Anfechtbarkeit durch unser Rechtsmittel dritter Instanz ausgeschlossen, so bliebe dieses nur zulässig:

a. wenn eine Abänderung des Urtheils erster Instanz in dem Urtheil zweiter Instanz auf einer Verletzung des Reichsrechts, oder das der Kognition des höchsten Reichsgerichts zugewiesenen Landesrechts beruht,

b. wenn das Gericht zweiter Instanz ein eingelegtes Rechtsmittel mit Unrecht, d. i. gegen die Bestimmungen der Civilprozeßordnung über die Zuständigkeit der Gerichte zweiter Instanz als unzulässig verworfen hat,

c. wenn eine Aenderung des Urtheils erster Instanz im Urtheil zweiter Instanz auf einer abweichenden thatsächlichen Würdigung beruht, mit etwaiger Ausnahme der Urkundenauslegung, weil auch in diesem Falle die Bestimmungen der Civilprozeßordnung über die Zuständigkeit der Gerichte zweiter Instanz verletzt sein würden.

Der Zuständigkeit des Rechtsmittels unter c. lege ich eine hohe Bedeutung bei, weil sie eine doppelte, durch die zweite und dritte Instanz gehende Prüfung der Richtigkeit der Scheidung der That- und Rechtsfrage, deren Schwierigkeit oben dargethan ist, ermöglicht, und diese Möglichkeit ist für mich ein Grund mehr für die Ausschließung der Würdigung reiner Thatfragen von der zweiten Instanz. Die hiernach der dritten Instanz nur für den Fall einer Bestreitung ihrer Richtigkeit obliegenden Nachprüfung der von den Gerichten zweiter Instanz vorgenommenen Scheidung der That- und Rechtsfrage wird das höchste Reichsgericht auch in erheblich geringerm Maaße in Anspruch nehmen, als bei einer Zulassung der Berufung in der Thatfrage die in jedem Falle eines abändernden Erkenntnisses zweiter Instanz nothwendige selbstständige Prüfung, ob die Verschiedenheit der beiden Vorerkenntnisse auf einer verschiedenen thatsächlichen oder rechtlichen Würdigung beruht.

Den Ausschluß der bestätigenden Urtheile zweiter Instanz von der Anfechtung anlangend, kann derselbe zwar ungeachtet der Befürwortung solcher Beschränkung des Rechtsmittels dritter Instanz in den Protokollen der deutschen Bundesversammlung Bd. 13, S. 181, welche dahin geht:

> daß die übereinstimmenden ersten beiden Urtheile dem abändernden dritten gegenüber noch immer die Wahrscheinlichkeit der Richtigkeit für sich haben, da sie das Resultat der Untersuchung zweier Justizbehörden seien, wogegen das entgegenstehende Urtheil nur von einer Behörde gefällt sei. Es also nun ohne Weiteres bei diesem zu lassen, scheine unbillig gegen den zu sein, der die Meinung von zwei Gerichten für sich, und nur die von einem gegen sich habe.

prinzipiell kaum gerechtfertigt werden. Die Befürwortung würde nur dann richtig sein, wenn die Gerichte der drei Instanzen als gleichberechtigte Autoritäten anzusehen wären, während doch unser gesammter Instanzenzug auf der gegentheiligen Annahme beruht, und insbesondere das höchste Reichsgericht wegen seiner vorzüglichen Besetzung, der mit der wiederholten Prüfung wachsenden Einsicht, der Beschränkung auf die Rechtsanwendung u. s. w. die Vermuthung der größten Richtigkeit seiner Erkenntnisse in Anspruch nehmen muß. Es fehlt ferner an einem innern Grunde, die Wahrung der Rechtseinheit durch das höchste Reichsgericht dann wegfallen zu lassen, wenn zwei Untergerichte übereinstimmend erkannt haben, sei es aus denselben, sei es aus verschiedenen Rechtsgründen. Es kann sogar die Möglichkeit nicht verkannt werden, daß Distrikte, deren Gerichte erster und zweiter Instanz in ihrer

Rechtsprechung einig sind, soweit diese Einigkeit reicht, und solange sie dauert, der Einwirkung der Rechtsprechung des höchsten Reichsgerichts entzogen werden. Bähr a. a. O. S. 18 f. Immerhin giebt aber doch eine Uebereinstimmung mit dem Erkenntniß erster Instanz regelmäßig eine größere Bürgschaft für die Richtigkeit des Urtheils zweiter Instanz, als ein Widerspruch, wenn diese Bürgschaft auch nicht groß genug erscheint, um für sich den Ausschluß von der sonst gestatteten Befugniß einer Provokation auf den präsumtiv besten Rechtsspruch des höchsten Reichsgerichts zu rechtfertigen. Ein längere Zeit dauernder Widerspruch zwischen den Entscheidungen der Landesgerichte und denen des höchsten Reichsgerichts ist kaum zu erwarten, und die Wahrung der Rechtseinheit liegt mehr im Interesse des Ganzen, als der im einzelnen Fall streitenden Parteien. Wenn daher das Interesse des Ganzen eine Beschränkung der Kompetenz fordert, und diese nicht auf bessere Weise, als durch den Ausschluß der Anfechtung bestätigender Urtheile zu erreichen ist, so muß das Interesse der Parteien ebensowohl zurücktreten, wie es bei der Entscheidung der untern Instanzen über die Anwendung eines Partikularrechts zurücktreten muß, welches der Kognition des höchsten Reichsgerichts entzogen ist.

Soll die Kompetenz der Gerichte zweiter Instanz sich auf die Prüfung aller reinen Thatfragen erstrecken, so kann ich dagegen nach der in Oldenburg gemachten Erfahrung die Beschränkung auf die Abweichungen der Erkenntnisse zweiter Instanz von denjenigen erster Instanz nicht empfehlen, mag man nun die weitere Beschränkung hinzufügen, daß die Abweichung auf einer Verschiedenheit der Rechtsansicht beruhen müsse, oder unser Rechtsmittel auch dann zulassen, wenn die Abweichung zwar auf einer verschiedenen Auffassung der Thatsachen, oder auf neu in zweiter Instanz geltend gemachten Thatsachen beruht, auf den neuen Thatbestand aber das Recht unrichtig angewandt ist. Es fällt dann nicht blos die doppelte Prüfung der Richtigkeit der Scheidung der That- und Rechtsfrage hinweg, sondern die Erforschung des dem tenor des Urtheils zum Grunde liegenden Gedankens aus dem Thatbestande und den Entscheidungsgründen nicht bloß in Beziehung auf e i n, sondern auf b e i d e Urtheile der frühern Instanzen, und deren Vergleichung, nimmt nach meiner Erfahrung oft mehr Zeit in Anspruch, als, wenn so die Zulässigkeit unseres Rechtsmittels erkannt ist, die Prüfung seiner Begründung. Für den hier vorausgesetzten Fall einer unbeschränkten Berufung an die zweite Instanz scheint mir als weitere Beschränkung der Kompetenz des höchsten Reichsgerichts in Civilsachen neben derjenigen auf die richtige Anwendung der Reichs- und wichtigen Landesgesetze sich am meisten eine solche zu empfehlen, welche in der Höhe der Gerichtskosten liegt, wenn das Rechtsmittel vom höchsten Reichsgericht verworfen wird. Kann neben den Kosten, die den Beschwerdeführer oft schon wegen der Entfernung des Sitzes des höchsten Reichsgerichts vom Wohnorte der Parteien treffen, die Urtheilsgebühr in diesem Falle nach Ermessen des Gerichts bei leichtsinnigem, offenbar ungerechtfertigtem Gebrauch unseres Rechtsmittels bis auf 100 Thlr. erhöht werden, so dürfte hierin wohl eine ausreichende Beschränkung gefunden werden. Für den Fall, daß unser Rechtsmittel vom höchsten Reichsgericht für begründet erkannt wird, möchten dagegen (wie in Oldenburg) die Gerichtskosten zu streichen sein.

Eine solche Beschränkung würde ich insbesondere vorziehen denjenigen:

einer Hinterlegung von Succumbenzgeldern, weil solche eine erhebliche Schmälerung des Rechtsweges für minder Vermögende gegenüber den Reichen und den durch Armenrecht etwa von der Hinterlegung Befreiten enthält;

eines hohen Streitgegenstandes, weil einer mit der innern Natur unseres Rechtsmittels gar nicht in Verbindung stehenden, überhaupt jeder innern Rechtfertigung entbehrenden, wegen der oft schwierigen Ermittelung zu neuen Streitigkeiten führenden, unrichtige und widersprechende Atteste hervorrufenden Beschränkung.

Nur die Ausschließung der gegen die Endurtheile der Einzelrichter von den Berufungsgerichten abgegebenen Erkenntnisse läßt sich aus dem Gesichtspunkte einer Vermeidung der Ueberbürdung des höchsten Reichsgerichts und der geringern Wichtigkeit der Sachen rechtfertigen, und vermeidet allen Streit über die Zulässigkeit des Rechtsmittels.

Ich glaube hiermit mein Gutachten schließen zu können, und mich insbesondere auf die prozessuale Behandlung unseres Rechtsmittels nicht einlassen zu sollen. Wenngleich die Beantwortung einzelner hieher gehörigen Fragen, z. B.:

ob und wieweit das höchste Reichsgericht im Fall einer Aufhebung des Erkenntnisses zweiter Instanz befugt sein soll, in der Sache selbst zu entscheiden;

ob und wieweit das höchste Reichsgericht auf die geltend gemachten Anfechtungsgründe beschränkt sein soll;

ob unserm Rechtsmittel Suspensiv-Effekt beizulegen ist;

ob und wann eine Zurückweisung unseres Rechtsmittels ohne mündliche Verhandlung gestattet sein soll;

nicht ohne Einfluß auf den Umfang der Thätigkeit des höchsten Reichsgerichts ist, so kann doch nicht dieser Gesichtspunkt, sondern müssen innere Gründe für die beste Beantwortung den Ausschlag geben.

April 1872. H. Becker.

V.

Gutachten des Herrn Prof. Dr. Harum zu Wien

über die Gesetzgebungsfrage:

„Soll, auch abgesehen von Handelssachen, die Giltigkeit der Verträge von der Beobachtung der schriftlichen Form unabhängig sein?“

Schon der 5. deutsche Juristentag (s. dessen „Verhandlungen 1864 1. und 2. Band) beschäftigte sich mit der Gesetzgebungsfrage, ob es für das deutsche bürgerliche Verfahren geboten oder auch nur zweckmäßig sei, die Zulässigkeit des Zeugenbeweises auf Rechtsgeschäfte von verhältnißmäßig nur geringem Umfange zu beschränken.“ Wenn auch diese Frage mit der nunmehr von mir zu begutachtenden keineswegs zusammenfällt, so steht sie doch mit derselben in so nahem Zusammenhange, daß es am zweckmäßigsten erscheint, vor allem die damals erstatteten Gutachten und vom Juristentage gefaßten Beschlüsse in's Auge zu fassen. Denn obgleich jene frühere Frage eine mehr prozessualische Färbung hatte, während die gegenwärtig gestellte rein civilrechtlicher Natur ist, so wurde doch der indirekte Einfluß der in jener Frage berührten Bestimmung auf das materielle Recht auch damals schon anerkannt Gutachten des Ober-Hofgerichtskanzlers Haaß zu Mannheim, I. S. 67, 68 (und 75), und der Antrag, die Frage nach der unbeschränkten Zulässigkeit des Zeugenbeweises für eine Frage des Civilprozeßrechts zu erklären, vom 5. deutschen Juristentag in der 2. Sitzung der 4. Abtheilung desselben verworfen (II. S. 247).

In der That führt die Ausschließung des Zeugenbeweises für Rechtsgeschäfte fast mit Nothwendigkeit zur Forderung schriftlicher Errichtung derselben, wenn man sie nicht lediglich auf Treu und Glauben stellen will, und involvirte daher jene frühere Frage auch schon die, ob für Rechtsgeschäfte von nicht geringem Umfange die schriftliche Form erforderlich sein soll. Diese Frage aber verhält sich zur gegenwärtig gestellten wie das minus zum majus, und es ist klar, daß derjenige, welcher das Erforderniß der Schriftlichkeit nicht einmal bei bedeutenderen Rechtsgeschäften festhalten will, es unmöglich für alle Verträge schlechthin aufstellen kann; und daß, wer die Schrift nicht einmal als ausschließliches Beweismittel für Verträge erklären will, sie noch weniger als Erforderniß ihrer Giltigkeit erklären kann. Insoferne scheinen mir also die Verhandlungen des 5. deutschen Juristentags für unsre gegenwärtige Frage präjudizirlich.

Von den drei dem deutschen Juristentage damals erstatteten Gutachten sprach sich das des Herrn Ober-Hofgerichtskanzlers Haaß (I. S. 62—77) dagegen aus, die zur Frage gestellte Beschränkung des Zeugenbeweises (und damit implicite, wie schon bemerkt, das Erforderniß der schriftlichen Form) als ein Gebot der Nothwendigkeit zu erklären, aber dafür, sie aus Gründen der Zweckmäßigkeit zu empfehlen. Das Gutachten des Herrn Prof. Dr. Hinschius (I. S. 166—176) verwarf jene Beschränkung des Zeugenbeweises entschieden auch vom Standpunkte der Zweckmäßigkeit; und das Gutachten des Herrn Advokat-Anwalts Dr. J. Preizenach in Mainz (II. S. 11 bis 31) sprach sich ebenfalls gegen jene Beschränkung aus, mit dem Vorbehalte, daß dem Richter in jedem Falle die freie Würdigung der Beweiskraft der Zeugenaussagen überlassen werden müsse.

Auf dem 5. deutschen Juristentag wurde nun in der 2. Sitzung der 4. Abtheilung (II. S. 232—247) vom Herrn Referenten Hiersemenzel hierüber Bericht erstattet, und nach eingehender Prüfung der für und wider vorgebrachten Gründe der Antrag gestellt, sich sowohl gegen die Nothwendigkeit als Zweckmäßigkeit jener Beschränkung des Zeugenbeweises auszusprechen, und dieser Antrag nach längerer Debatte, in welcher nur ein Redner für die Beschränkung des Zeugenbeweises und das Erforderniß der Schriftlichkeit bei Rechtshandlungen über einem bestimmten Werthe auftrat, mit großer Majorität angenommen.

Damit hat der deutsche Juristentag nach meiner Ansicht auch die gegenwärtig vorliegende Frage bereits beantwortet, und zwar dahin, daß die Giltigkeit der Verträge von der Beobachtung der schriftlichen Form unabhängig sein soll. Und ich wüßte in der That keinen Grund, welcher denselben bestimmen könnte, heute von seiner damals getroffenen Entscheidung abzugehen. Die Gründe, welche für den direkten Zwang der schriftlichen Form bei Verträgen geltend gemacht werden können, sind dieselben, welche damals bereits für den indirekten Zwang in dieser Richtung vorgebracht und vom Juristentag gewürdigt wurden; sie haben heute nicht mehr Gewicht als sie damals hatten, und ich glaube mich daher einer wiederholten Beleuchtung und Widerlegung derselben entschlagen zu können.

Hatte die damalige Gesetzgebungsfrage eigentlich die Bedeutung, ob das System des französischen Rechts bezüglich derselben (code civil, art. 1341 ff.) zur allgemeinen Norm der deutschen Gesetzgebung erhoben werden soll, so geht die gegenwärtig gestellte Frage eigentlich dahin, ob das Princip des preußischen Landrechts (I., 5, §. 116 ff.) hinsichtlich des Erfordernisses der Schriftlichkeit bei Verträgen für die deutsche Gesetzgebung adoptirt und in noch weiterem Umfange durchgeführt werden soll? Haben sich aber jene Bestimmungen des französ. Rechts dort, wo sie in Geltung stehen, bereits eingelebt, und selbst unter den deutschen Juristen Anhänger gefunden, so ist hingegen die Verurtheilung der betreffenden Bestimmungen des preuß. Landrechts eine ganz allgemeine (s. Förster, Theorie und Praxis des heutigen gemeinen preußischen Privatrechts, 1865, I., §. 79 und die daselbst citirten Schriftsteller, sowie das oben angeführte Gutachten von Hinschius, S. 175). Nachdem sich nun der deutsche Juristentag selbst gegen die Adoptirung des französischen Systems für das deutsche Recht ausgesprochen hat, kann er sich doch nicht nunmehr für das Princip des preußischen Landrechts erklären.

Gegen den einen Vorwurf der Inkonsequenz und des willkürlichen, kasuistischen Schwankens zwischen Regel und Ausnahme, welcher diesen Bestimmungen des preuß. Landrechts gemacht wird, wäre man zwar geschützt, wenn man die Giltigkeit aller Verträge von der Errichtung in schriftlicher Form abhängig machen und keine Ausnahmen zulassen würde. Allein daß es nicht angeht, für jeden geringfügigen Vertrag die Beobachtung der schriftlichen Form zu verlangen, daß dem alltäglichen Rechtsverkehre dadurch der Rechtsschutz geradezu entzogen, und dem Rechtsbewußtsein des Volkes, welchem es entschieden widerstrebt, „überall sich etwas Schriftliches geben zu lassen" (Hinschius a. a. O. S. 174), damit Gewalt angethan würde, daß daher eine derartige ausnahmslose Norm schlechthin unzulässig wäre, leuchtet von selbst ein. Statuirt man aber Ausnahmen nicht zufolge der innern Natur der einzelnen Rechtsgeschäfte, sondern lediglich nach äußern Momenten derselben, auf Grund ihres geringern Werthbetrages, ihres häufigern Vorkommens u. dgl., so wird man dem Vorwurfe der Inkonsequenz und Willkürlichkeit nie entgehen können.

Uebrigens bedarf es kaum der Bemerkung, daß auch mit der Bejahung der vorliegenden Frage, ob die Giltigkeit der Verträge von der Beobachtung der schriftlichen Form unabhängig sein soll, nicht gesagt sein soll, daß die Giltigkeit keines Vertrages an die schriftliche Form zu binden sei, sondern nur, daß dies nicht für die Verträge überhaupt zur Regel, zum Princip erhoben werden soll. Für gewisse Verträge, z. B. Schenkungen, Erbverträge, Verträge über Bürgschaften u. dgl. wird sich allerdings die Vorschrift einer besonderen Form und insbesondere der Schriftlichkeit als Bedingung ihrer Giltigkeit oder doch Klagbarkeit empfehlen, wie dies auch schon im Gutachten von Hinschius (S. 176) anerkannt, und sowohl im gemeinen Rechte als den sich demselben in diesem Punkte im Prinzip anschließenden Gesetzgebungen (österreich. bürgerl. Gesetzbuch, sächsisches bürgerl. Gesetzbuch) zur Geltung gebracht wurde. Die Bejahung der vorliegenden Frage gilt daher nur als die Regel für Verträge im allgemeinen, mit Vorbehalt der Zulässigkeit von Ausnahmen für gewisse Arten von Verträgen.

VI.

Gutachten des Herrn Appellationsgerichtsraths Struckmann zu Cöln

über die Gesetzgebungsfrage:

„Ist es angemessen, daß durch die Subhastation sämmtliche auf dem subhastirten Grundstücke ruhenden Hypotheken fällig werden?„

Die ständige Deputation des deutschen Juristentags hat an mich die ehrenvolle Aufforderung erlassen, über die vorstehende Gesetzgebungsfrage ein Gutachten zu ertheilen. Dieser Aufforderung bin ich mit Freuden nachgekommen, in dem Bewußtsein freilich, daß es mir kaum möglich sein werde, in Bezug auf die neuerdings in der Literatur, wie in gesetzgeberischen Körperschaften und landwirthschaftlichen Vereinen [1]) lebhaft erörterte Frage noch neue Gesichtspunkte vorzubringen, aber zugleich in der Hoffnung, durch eine kurz

[1]) Vgl. Kurlbaum in der Zeitschrift für Gesetzgebung und Rechtspflege in Preußen von Behrend III. S. 764. Stieve ebendaselbst IV. S. 498. Euchel ebendaselbst IV. S. 723. Stenographischer Bericht der Verhandlungen des Ausschusses des Bundesraths des norddeutschen Bundes in Betreff der Enquete über das Hypothekenwesen. S. 46, 116, 128, 137, 220. — Drucksachen des preußischen Abgeordnetenhauses. Session 1868/69, Nr. 71, S. 95—99, Nr. 254, S. 37. Session 1869/70, Nr. 212, S. 68. Stenographische Berichte der Verhandlungen des Abgeordnetenhauses Session 1869/70, III. 1786 ff. Session 1871/72, II., S. 1229 ff. Stenographische Berichte der Verhandlungen des Herrenhauses 1871/72, S. 128 ff. Drucksachen des Herrenhauses 1871/72, Nr. 8, S. 89 ff.

zusammengedrängte Darstellung und Kritik der verschiedenen aufgetauchten Ansichten wenigstens eine einigermaßen geeignete Grundlage für die Diskussion auf dem nächsten Juristentage schaffen zu können.

Es folgt mit Nothwendigkeit aus der Natur des Pfandrechts, daß bei der nothwendigen Subhastation eines Grundstücks außer der Hypothek des den Verkauf beantragenden Gläubigers auch die gleichstehenden und die nachstehenden, auf dem Grundstücke haftenden Hypotheken ergriffen und fällig werden. Dagegen lassen sich rücksichtlich der Einwirkung der Subhastation auf die vorstehenden Hypotheken verschiedene Systeme denken. Nach dem einen Systeme werden auch diese Hypotheken sämmtlich ohne Rücksicht auf ihre sonstige Fälligkeit dergestalt von der Subhastation berührt, daß der Käufer die Pflicht hat, sie zurückzuzahlen, und der Gläubiger, sie zurückzunehmen. Nach dem andern Systeme werden dieselben entweder von der Subhastation gar nicht berührt, oder doch nur in beschränkter Weise, namentlich nur insoweit, als sie durch den Erlös der Versteigerung nicht gedeckt werden. Der Kern der Frage ist also der, ob die Subhastation die Fälligkeit aller vorstehenden Hypotheken zur Folge haben solle oder nicht; wird diese Frage im verneinenden Sinne enschieden, so bleibt in zweiter Linie zu untersuchen, ob das Subhastationsverfahren gar keinen Einfluß auf die vorstehenden Hypotheken ausüben, oder dieselben in beschränktem Umfange lösen soll, namentlich etwa in soweit, als sie nicht innerhalb des Kaufpreises fallen und daher auf den neuen Erwerber nicht übergehen können.

Man hat versucht, die Fragen nach rein juristischen Gesichtspunkten in dem einen oder anderen Sinne zu lösen. Ein derartiger Versuch ist meines Erachtens ein völlig verfehlter. Denn einestheils müssen vorzugsweise Gründe wirthschaftlicher Natur, Rücksichten auf die Hebung des landwirthschaftlichen Kredits wie die Sicherheit der Gläubiger den Ausschlag geben, und anderntheils kommt man auch mit abstrakt juristischen Gesichtspunkten nicht weit, da man die eine wie die andere Auffassung recht gut juristisch konstruiren kann.

Auf der einen Seite kann man nämlich das Recht des nachstehenden Pfandgläubigers als ein rein eventuelles betrachten, welches erst Wirksamkeit erlangt, wenn das Recht des vorstehenden Pfandgläubigers seine Befriedigung erlangt hat, oder wenn Letzterer zur Geltendmachung desselben seine Zustimmung ertheilt. Eine derartige Auffassung, nach welcher der nachstehende Hypothekargläubiger völlig abhängig von dem vorstehenden ist, liegt verschiedenen älteren Pfandgesetzgebungen zu Grunde, insbesondere derjenigen des römischen Rechts, nach welchem bekanntlich

vgl. L. 1. D. de distr. pign. (20, 5).
L. 8. Cod. qui pot. (8, 18).
L. 1. Cod. cred. evict. (8, 46).

nach der vorherrschenden Ansicht der Schriftsteller [2]) der nachstehende Pfandgläubiger einstweilen nicht befugt ist, die verpfändete Sache zu verkaufen, und der vorstehende Pfandgläubiger das Recht hat, eine ohne seine Genehmigung von Jenem zum Verkauf gebrachte Sache von dem Käufer zu evinciren. Allein eine strenge Durchführung des Gedankens des nur eventuellen Rechts des nachstehenden Pfandgläubigers würde den Werth dieses Rechts zu sehr beeinträchtigen. Deßhalb hat man auf verschiedene Mittel gesonnen, dem nachstehenden Pfandgläubiger, eine gewisse Selbstständigkeit gegenüber dem vorstehenden zu gewähren. Dahin gehört nach römischem Recht das **jus offerendi**, wonach es dem nachstehenden Pfandgläubiger frei steht, den vorstehenden auch wider dessen Willen auszukaufen, [3]) d. h. denselben durch vollständige Zahlung seiner Forderung zu befriedigen und dadurch sich die Möglichkeit zu verschaffen, die verpfändete Sache zum Verkauf zu bringen oder auch den etwa von seinem Vorgänger beabsichtigten Verkauf zu verhindern. Dahin gehört ferner die in fast allen neueren Pfandrechtsgesetzgebungen dem nachstehenden Gläubiger gewährte Befugniß, die verpfändete Sache auch ohne Zustimmung des vorstehenden zum Verkaufe zu bringen, eine Befugniß, welche, mögen auch die vorstehenden Hypotheken in Bezug auf ihre Fälligkeit völlig unberührt bleiben, doch in so fern das Rechtsverhältniß der letzteren beeinflußt, als durch den Verkauf in der Person des Erstehers ein neuer Hypothekarschuldner eintritt.

Der Umstand nun schon, daß die gänzliche Abhängigkeit des nachstehenden Hypothekargläubigers von dem vorstehenden nirgends konsequent durchgeführt worden ist, legt den Gedanken nahe, daß auch die entgegenstehende Anschauung keineswegs, wie solches öfter behauptet worden, jeder Berechtigung entbehrt. Und so ist es in der That. Man kann sehr wohl

---

[2]) Vergl. Löhr in Civil-Archiv XIV. S. 7.
Keller in d. Krit. Jahrb. XI. S. 1010.
Fritz Erläuterungen S. 531. ff.
Dernburg Pfandrecht II §. 160.
Puchta Pandecten §. 205 n. G
Arndts Pandekten §. 388 n. 2.
Sintenis Handbuch S. 653 ff.
G. Bopp in Linde's Zeitschrift III S. 12. Bachofen Pfandrecht S. 487.
Vangerow Leitfaden §. 388. Anm.
Windscheid Pandekten §. 241. Anm. 5.
[3]) L. 20. D. qui pot. (20, 4).
L. 5. Cod. eod. (8, 18).

dem nachstehenden Hypothekargläubiger neben dem vorstehenden ein selbstständiges Verkaufsrecht beilegen, welches jedoch hinsichtlich seiner Wirkungen darin seine Begrenzung findet, daß stets zunächst der vorstehende Gläubiger aus dem Erlöse seine Befriedigung erhalten muß. Eben in dieser vorzugsweisen Befriedigung beruht alsdann im Wesentlichen der Vorzug der Vorhypothek; im Uebrigen sind die Rechte der Hypothekargläubiger gleich. Der nachstehende Gläubiger kann also nicht nur ohne Zustimmung des vorstehenden den Verkauf beantragen, sondern denselben auch durchführen, selbst wenn dadurch die vorstehende Hypothek in ihren Rechtsverhältnissen berührt wird; ja er kann die vorstehenden Gläubiger in derselben Weise in das Subhastationsverfahren hineinziehen und zur Lösung ihrer Hypotheken ungeachtet der noch nicht eingetretenen Fälligkeit nöthigen, wie diese ihrerseits ihn durch Einleitung des Subhastationsverfahrens hinsichtlich seiner Hypothek würden nöthigen können. Diese weitgehende Beeinflussung des Rechtsverhältnisses zwischen den vorstehenden Gläubigern und dem Schuldner durch die Handlung eines dritten, minder berechtigten Gläubigers mag zwar auf den ersten Anblick als eine juristische Abnormität erscheinen. Allein in so fern sie dahin geht, daß wenigstens diejenigen Vorhypotheken fällig werden sollen, welche durch den Kaufpreis nicht gedeckt werden, erklärt sie sich schon dadurch, daß das auch dem nachstehenden Gläubiger zustehende Verkaufsrecht eine wesentliche Schmälerung erleiden würde, wenn es im Falle der Nichtdeckung der Vorhypotheken durch den Kaufpreis überhaupt nicht durchgeführt werden dürfte; und so weit sie darüber hinaus die Nothwendigkeit der Fälligkeit sämmtlicher Vorhypotheken zur Folge hat, rechtfertigt sie sich durch die vielfach herrschende[4]) und in das Retsbewußtsein des Volkes übergegangene Anschauung, wornach das Verkaufsrecht nicht sowohl das Recht in sich begreift, das verpfändete Grundstück mit den darauf ruhenden Vorhypotheken zur Versteigerung zu bringen, als das Recht, dasselbe frei von allen Hypotheken zu Gelde machen und aus dieser Masse, welche an die Stelle des Grundstücks selbst tritt, die Gläubiger je nach ihrem Range befriedigen zu lassen.

Das Subastationsverfahren erscheint hiernach als eine Art Specialkonkurs, dem allgemeinen Konkurs dadurch ähnlich, daß bei dem einen wie bei dem anderen eine Reihe von Gläubigern, deren vollständige Deckung zweifelhaft ist, auf den Antrag einzelner ihre Befriedigung aus der durch Versilberung des ursprünglichen Unterpfandes gebildeten Masse nach einer

---

[4]) Vgl. z. B. Preuß. A. L. R. I. 20. §§. 25, 187, 436.
Sächs. bürgerl. Gesetzbuch §§. 427, 433. ff.
Motive zum Art. 627 de la loi sur la procédure civile du canton de Genève.

bestimmten Rangordnung suchen muß. Der einzelne Gläubiger, welcher sein Geld gegen eine Hypothek herleiht, weiß im Voraus, daß der Schuldner die Befugniß hat, weitere Hypotheken an demselben Grundstück zu bestellen, und kann daher eine Beeinträchtigung seines Rechts nicht darin erblicken, wenn demnächst ein nachstehender Gläubiger gegen seinen Willen den Verkauf des Grundstücks veranlaßt und ihn in das Subhastationsverfahren mit hineinzieht.

Aber auch ein Blick in die Geschichte des Rechts lehrt, daß man die letztere Anschauung unmöglich für eine jedes inneren Rechtsgrundes entbehrende halten kann. Dem römischen Rechte ist dieselbe freilich, wie schon oben hervorgehoben wurde, völlig fremd; allein trotzdem hat sie sich im Laufe der Zeit unter dem Einflusse germanischer Rechtsideen (Vgl. Wetzell System des ordentlichen Civilprocesses 2. Aufl. S. 89 und 579) fast überall Geltung verschafft, und zwar nicht bloß da, wo das römische Recht überhaupt durch neuere Gesetzbücher verdrängt ist, sondern auch da, wo es sonst als gemeines Recht seine Herrschaft behauptet hat.

So ist der Satz, daß durch die Subhastation sämmtliche auf dem subhastirten Grundstücke ruhende Hypotheken fällig werden, u. A. in den landrechtlichen Theilen Preußens seit fast 100 Jahren in allen Stadien der Gesetzgebung bis auf die neueste Zeit herab festgehalten worden.

Allgem. Hypothekenordnung II. §. 100. Anhang §. 401; Allg. Gerichtsordnung I. §. 2 § 35; Subhastationsordnung vom 4. März 1834 §§. 16 ff.; Konkursordnung vom 15. März 1869 § 60;

er ist ferner in den Jahren 1860 bez. 1864 mit Einführung der Konkursordnung auch in die gemeinrechtlichen Gebiete des Justizsenats zu Ehrenbreitstein und der Hohenzollern'schen Lande eingeführt worden.

Gesetz vom 31. Mai 1860 Art: I. XV. Gesetz vom 3. Februar 1864 Art: XV;

er gilt ferner

im vormaligen Königreich Hannover: Allg. bürg. Prozeßordnung §§. 561 ff. 585 ff. 595 ff.; Gesetz, das Pfandrecht und die Befriedigung der Gläubiger im Konkurse betr., §. 29 Abs. 2. §. 69;

in Bayern:

§. 81 des Hypothekengesetzes vom 1. Juni 1822; Art: 1058 1095 ff. der Prozeßordnung in bürgerl. Rechtsstreitigkeiten vom 29. April 1869;

in Württemberg:

Pfandgesetz vom 15. April 1825 Art: 112;

in Baden:

Prozeßordnung in bürgerlichen Rechtsstreitigkeiten §§. 1003 und 1023;

im Königreich Sachsen:

Hypothekengesetz vom 6. November 1843 §§ 100 und 104;

Bürgerl. Gesetzbuch vom 2. Januar 1863 § 452;

in Mecklenburg:

Exekutions- und Subhastations-Ordnung vom 30 September 1857 §. 24;

im Herzogthum Sachsen-Altenburg:

Hypothekengesetz vom 13. Oktober 1852 §. 106 ff.

in den übrigen Thüring'schen Staaten u. s. w.;

er gilt endlich in den Gebieten des französischen Rechts, welches von Alters her den Grundsatz kannte; Un décret nettoie toutes hypothèques.

Code de procédure Art: 749 ff.

Loi de 21. Mai 1858.

Code de Genève Art: 627.

Vergl. auch Subhastationsordnung für die preußischen Rheinprovinzen vom 1. August 1822 §§. 5 und 16. Urtheil des rheinischen Senats, des K. Obertribunals vom 11. Juli 1864 im Rheinischen Archiv Bd. 59. 2 A. S. 101.

Der Grundsatz des römischen Rechts dagegen, in seiner Reinheit oder mit einzelnen Modificationen, gilt nur noch in wenigen kleineren Gebieten, die unter der Herrschaft des gemeinen Rechts stehen, z. B. in den Hansestädten und in dem Bezirke des Appellationgerichts Greifswald (Neuvorpommern und Rügen), wo er durch den §. 138 des Gesetzes vom 21. März 1868, betreffend die Einführung von Grund- und Hypothekenbüchern in Neuvorpommern und Rügen, in dem Satze:

„Die Forderungen der Gläubiger, welche vor dem verkaufenden Gläubiger eingetragen sind, werden durch die Subhastation nicht berührt; sie bleiben unverändert stehen;

neuerdings eine gesetzliche Sanction erlangt hat.

Unter diesen Umständen wird man gewiß mit vollem Recht den Satz, daß durch die Subhastation alle Hypotheken fällig werden, als das herrschende System, als den Grundsatz des modernen Hypothekenrechts bezeichnen dürfen, während man umgekehrt den römisch-rechtlichen Grundsatz höchstens vom rein theoretischen Standpunkte aus auch als den gemeinschaftlichen ansehen kann. Die Thatsache der immer weiteren Verbreitung eines ursprünglich dem gemeinen Rechte unbekannten Satzes spricht aber allein schon für die Möglichkeit der juristischen Konstruktion; die Rechtswissenschaft würde ihre Aufgabe unrichtig erfassen, wenn sie eine Institution, welche sich in dieser Weise Bahn gebrochen hat, nicht auch juristisch zu begründen im Stande wäre.

Nach diesen einleitenden prinzipiellen und historischen Bemerkungen wende ich mich zu meiner eigentlichen Aufgabe, zur Prüfung der Frage, ob vom legislatorischen Standpunkte die Vorschrift, daß durch die Subhastation sämmtliche auf dem subhastirten Grundstücke ruhenden Hypotheken fällig werden, sich empfiehlt.

Dabei wird sich sofort herausstellen, daß diese Vorschrift ihre erheblichen Nachtheile und Vortheile hat, welche wiederum eben so große Vortheile bez. Nachtheile des entgegengesetzten Systems sind, und es wird wesentlich darauf ankommen, diese Nachtheile und Vortheile gegen einander abzuwägen und zu entscheiden, welche die überwiegenden seien. I. Betrachten wir zunächst die Nachtheile jener Vorschrift, und zwar

1. von Standpunkte der Gläubiger aus:

Für einen Gläubiger, welcher seine vordere Hypothek auf dem Grundstücke als eine sichere und bequeme Kapitalanlage betrachtet, ist es ohne Zweifel nicht angenehm, in Folge einer Subhastation, die von einem ihm nachstehenden hypothekarischen oder gar von einem bloß persönlichen Gläubiger beantragt wird, in das Subhastationsverfahren hineingezogen zu werden. Denn erscheint er in den betreffenden Terminen, so erwachsen ihm daraus Weitläufigkeiten und Kosten; erscheint er nicht, so läuft er Gefahr, daß seine Interessen, z. B. in dem Versteigerungstermine durch zu geringe Gebote, geschädigt werden. Und selbst wenn er erscheint, wird er unter Umständen der Gefahr, an seiner Forderung einen Ausfall zu erleiden, nur dadurch entgehen können, daß er durch Mitbieten den Kaufpreis in die Höhe treibt oder gar selbst Ersteher wird, also in Unternehmungen sich einläßt, welche vielleicht seiner Neigung und seinem sonstigen Interesse durchaus nicht entsprechen. Daß ihm auf diese Weise die Wahl zwischen einer Einbuße an seiner Forderung und zwischen dem Erwerbe des Grundstücks aufgedrungen werden kann, stellt sich als besonders abnorm dar, wenn der die Subhastation betreibende, nachstehende Gläubiger selbst nicht die geringste Aussicht hat, für seine eigene Forderung durch den Erlös irgend welche Befriedigung zu erlangen.

Bleiben dagegen sämmtliche vorstehende Hypotheken von dem Subhastationsverfahren unberührt, so brauchen sich die vorhypothekarischen Gläubiger um dasselbe überhaupt nur in so fern zu bekümmern, als Zinsen ihrer

Forderung rückständig sind; oder werden nun diejenigen vorstehenden Hypothekengläubiger in das Verfahren hineingezogen, deren Forderungen durch den Kaufpreis nicht gedeckt werden, so können sich — abgesehen wiederum von rückständigen Zinsen — wenigstens alle diejenigen von dem Verfahren fern halten, welche mit Sicherheit auf ihre Deckung durch den Kaufpreis rechnen können.

Nicht minder ist es als ein Nachtheil für den vorstehenden Gläubiger anzusehen wenn er aus dem Erlöse des subhastirten Grundstücks seine Hypothek ungeachtet ihrer noch nicht eingetretenen Fälligkeit wider Willen tilgen lassen muß. Ist freilich der Zinsfuß seit der Hingabe des Kapitals gestiegen, so daß er Aussicht hat, dasselbe zu bessern Bedingungen wieder unterzubringen, so wird er sich den vorzeitigen Rückempfang gern gefallen lassen; ist aber umgekehrt der Zinsfuß seitdem gesunken, so kann der Nachtheil, welchen er durch die Unmöglichkeit, das Kapital zu gleich hohem Zinsfuße wiederum hypothekarisch zu belegen, erleidet, unter Umständen, namentlich wenn bei längeren Kündigungsfristen der Zeitpunkt der Fälligkeit noch fern lag, nicht unerheblich sein. Und selbst wenn ein directer pecuniärer Nachtheil für ihn nicht eintreten sollte, so liegt doch schon in der Nothwendigkeit für die Wiederbelegung des Kapitals Sorge tragen zu müssen, eine Beunruhigung, die um so weniger zu unterschätzen ist, da bekanntlich Kapitalien hauptsächlich von solchen Korporationen, Stiftungen, Instituten und Privatpersonen auf Hypotheken ausgeliehen werden, welche einen häufigen Wechsel nicht wünschen und die größere Stätigkeit und Sicherheit der Kapitalanlage einem höheren Zinsfuße vorziehen. Die Besorgniß, den Vertragsbedingungen zuwider zu einer ihnen unwillkommenen Zeit, in welcher eine sofortige Gelegenheit zu einer günstigen Wiederbelegung sich nicht findet, ihr Geld zurückzuerhalten, kann sogar möglicherweise Kapitalisten abhalten, ihre Kapitalien dem Realcredit zuzuwenden, und auf diese Weise zugleich indirect eine Beeinträchtigung der Interessen der Landwirthschaft herbeiführen.

Unter der Herrschaft des entgegengesetzten Princips dagegen sind für alle vorstehenden Hypotheken oder doch mindestens für diejenigen, welche durch den Kaufpreis vollständig gedeckt werden, rücksichtlich ihrer Fälligkeit die Bedingungen des ursprünglichen Vertrages allein maßgebend. Das durch einen Dritten veranlaßte Subhastationsverfahren hat auf die Fälligkeit keinen Einfluß; wie der Schuldner oder Käufer nicht verpflichtet ist, die Forderung vor ihrer Fälligkeit zurückzuzahlen, so ist der Gläubiger nicht verpflichtet, sie vor diesem Zeitpunkte zurückzuempfangen. Es kann sich also weder der Eine noch der Andere über eine Bevorzugung oder eine Benachtheiligung in Folge der Subhastation beklagen.

2. Von noch größerer Erheblichkeit erscheinen aber die aus dem herrschenden

System für den Schuldner oder Subhastaten entspringenden Nachtheile, Nachtheile, welche übrigens theilweise auf die Gläubiger zurückfallen. Es liegt auf der Hand und ist auch von den entschiedensten Anhängern des herrschenden Systems nicht bestritten worden, daß die Nothwendigkeit, den ganzen Kaufpreis baar auszahlen zu müssen, die Zahl der Bieter vermindert, da, besonders bei größeren Gütern, manche Konkurrenten, welche im Falle eines gänzlichen oder theilweisen Stehenbleibens der Hypotheken mitgeboten haben würden, die Mittel zur Baarzahlung des Kaufgeldes nicht besitzen, noch auf dem Wege des Kredits herbeizuschaffen vermögen und deßhalb am Mitbieten verhindert sind. Auch ist die vielfach aufgestellte Behauptung nicht gänzlich abzuweisen, daß die Bieter hauptsächlich sich auf den Extrahenten selbst und die ihm nachstehenden Hypothekengläubiger beschränken, also auf Personen, welche zum Bieten genöthigt sind, wenn sie nicht einen Ausfall an ihren Forderungen erleiden wollen, daß dagegen Dritte, bei der Subhastation unbetheiligte Bieter bisweilen ganz fehlen oder doch nur in sehr geringer Zahl sich einstellen. Die geringere Zahl der Bieter aber, namentlich solcher, welche nicht bloß das Interesse verfolgen, sich gegen den Ausfall ihrer Forderungen zu schützen, sondern ihr eigentliches Augenmerk auf den Erwerb des Grundstücks selbst gerichtet haben und daher im Zweifel geneigt sind, bis zum wahren Werthe desselben zu bieten, drückt nach dem volkswirthschaftlichen Satze von Angebot und Nachfrage den Kaufpreis herunter, ein Nachtheil, welcher nicht blos den Subhastaten trifft, dessen Grundstück in Folge dessen unter dem wahren Werthe verkauft wird, sondern auch alle diejenigen Gläubiger, welche von dem niedrigeren Kaufpreise gar keine oder doch keine volle Deckung erhalten, also vor allem die nachstehenden Gläubiger, möglicherweise aber auch den Extrahenten selbst oder die Vorhypothekarien. Dieser Nachtheil stellt sich als ein um so empfindlicherer dar, wenn unter den mit dem Kauferlöse zu deckenden Hypotheken sich solche befänden, die nicht nur noch nicht fällig waren, sondern überhaupt erst nach einer Reihe von Jahren fällig wurden, so daß, wenn nicht die Subhastation die Fälligkeit bewirkte, der Ansteigerer mit Zuversicht auf ein längeres Stehenbleiben hätte rechnen können.

Bleiben dagegen sämmtliche dem Extrahenten vorgehenden oder doch mindestens diejenigen unter ihnen, welche durch den Kaufpreis gedeckt werden, unberührt, so reicht zum Erwerbe des subhastirten Grundstücks, selbst eines größeren, oft eine mäßige Summe hin, und es wird in Folge dessen eine Reihe von Personen in den Kreis der Bieter mit hineingezogen, welche an sich zur Bewirthschaftung des subhastirten Guts eben so geeignet sind, wie die vermögenderen Bieter, und da, wo Baarzahlung erforderlich ist, nur durch diese ungewöhnlich schwere Kaufbedingung von der Konkurrenz beim Bieten abgehalten werden. Es wird dadurch also dem betreffenden Subhastaten eine gegründete Aussicht auf Erzielung eines besseren Kaufpreises verschafft und der Landwirthschaft im Allgemeinen eine Summe von Kräften zugeführt, die ihr zum wesentlichen Vortheil gereichen können und durchschnittlich mehr nützen, als reiche Kapitalisten, welche Güter kaufen, nicht um sie selbst zu bewirthschaften, sondern um sie zu verpachten oder gar zum bloßen Gegenstande von Spekulationen zu machen. Es wird ferner das Subhastationsverfahren ähnlich gestaltet, wie das Verfahren bei freiwilligen Verkäufen, bei welchen es gleichfalls Regel ist. einen großen Theil des Kaufpreises stehen zu lassen, und es gleichfalls unzulässig erscheint, den Käufer zur Zurückzahlung von Forderungen vor deren Fälligkeit zu nöthigen, und es wird auf diese Weise dem Uebelstande entgegengewirkt, daß der Kaufpreis bei Zwangsversteigerungen regelmäßig im Durchschnitte sich niedriger stellt, als bei freihändigen Verkäufen.

Hiergegen kann man freilich einwenden, daß dem Bieter ja die Möglichkeit bleibe, sich mit den vorstehenden Gläubigern über ein Stehenbleiben ihrer Hypotheken in Güte zu einigen. Allein eine solche Einigung ist nicht immer leicht zu erzielen. So lange es noch unsicher ist, ob der Bieter wirklich Eigenthümer des Grundstücks werden wird, werden manche der Hypothekargläubiger, zumal wenn denselben seine Persönlichkeit unbekannt ist, Bedenken tragen, ihm gegenüber auf eine bindende Zusage sich einzulassen; auch wird, wenn der Verkaufstermin auf einen nahen Zeitpunkt anberaumt ist, es leicht an Zeit mangeln, um die vielleicht mit vielen und entfernt wohnenden Personen zu führenden Verhandlungen zu Ende zu bringen. Wartet der Bieter aber mit der Einigung, bis es das Grundstück wirklich erstanden hat, so muß er, wenn er vorsichtig zu Werke gehen und sich nicht den Gefahren einer auf seine Kosten erfolgenden Resubhastation aussetzen will, für den Fall, daß er sich mit den Hypothekargläubigern nicht einigt, die volle Kaufsumme zum Einzahlungstermine in Bereitschaft halten, was ihm nicht immer möglich, jedenfalls aber mit Kosten und Weitläufigkeiten verbunden sein wird, welche vermieden werden konnten, wenn er des Stehenbleibens der Hypotheken sicher war. Auch kann nicht geläugnet werden, daß die Verlegenheit des nichtvermögenden Bieters oder Erstehers bisweilen von den Hypothekargläubigern benutzt wird, um von ihm gegen das Versprechen, die Hypotheken stehen lassen zu wollen, einen höheren Zinsfuß oder eine besondere Entschädigung zu erlangen.

II. Diesen Nachtheilen des herrschenden Systems, welche nicht bloß von hervorragenden Vertretern der Landwirthschaft im Interesse des landwirthschaftlichen Kredits häufig und mit lebhaften Farben hervorgehoben, sondern auch von sehr gewichtigen Stimmen aus anderen Lebens- und

Berufskreisen für außerordentlich groß erachtet worden sind,[5]) stehen nun aber auch bedeutende Nachtheile des entgegengesetzten Systems gegenüber.

1. Diejenigen, welche die vorstehenden Hypotheken durch das Subhastationsverfahren unberührt lassen wollen, gehen von dem Satze aus, daß da die Realsicherheit der vorstehenden Gläubiger ungeachtet der Subhastation die nämliche bleibe, kein Grund vorliege, dieselben in das Subhastationsverfahren hineinzuziehen und eine Fälligkeit ihrer Hypotheken eintreten zu lassen. Allein diese Folgerung ist nicht richtig. Obwohl nämlich bei dem hypothekarischen Kredit die Sicherheit, welche das verpfändete Grundstück selbst gewährt, die Hauptsache für den Gläubiger ist — und zwar in um so höherem Grade, je mehr, wie solches in der Richtung der neueren Hypothekengesetzgebung liegt, die Hypothek von der persönlichen Forderung unabhängig hingestellt wird nnd den Charakter der Grundschuld annimmt — so ist doch auch dem Hypothekargläubiger die Person des Schuldners nicht vollkommen gleichgültig. Denn abgesehen davon, daß derselbe in manchen Fällen in der Lage sein wird, das Grundstück durch schlechte Bewirthschaftung, z. B. durch übermäßiges Fällen von Holz, zu deterioriren oder das Gutsinventar zu veräußern oder zu verschleppen und auf diese Weise das Objekt der Sicherheit zu vermindern, kann er stets dem Gläubiger durch schlechte Zinszahlung Unannehmlichkeiten und — wenigstens vorläufige — Kosten bereiten.

Der Gläubiger muß nun zwar auch bei einer freiwilligen Veräußerung des Grundstücks gewärtigen, wider seinen Willen einen Hypothekarschuldner zu bekommen, welchen er zum ursprünglichen Schuldner niemals genommen haben würde; allein die Gefahr ist für ihn — und das wird von den Gegnern des herrschenden Systems häufig übersehen — in diesem Falle bei weitem nicht so groß, wie im Falle der Subhastation. Denn ein subhastirtes Grundstück ist erfahrungsmäßig meistens mit Hypotheken überlastet und befindet sich in einem schlechten wirthschaftlichen Zustande, und wenn bei der Subhastation die dem extrahirenden Gläubiger vorstehenden Hypotheken — ganz oder doch soweit sie durch den Erlös gedeckt werden — stehen bleiben sollen, so wird, da der extrahirende Gläubiger in der Regel zu den weit zurückstehenden Hypothekengläubigern gehören oder gar ein bloßer Personalgläubiger sein wird, der Käufer regelmäßig nur einen kleinen Theil des Kaufpreises baar zu erlegen haben. In Folge dessen werden — wovon später noch die Rede sein soll — häufig Käufer sich finden, welche den Gläubigern keine Garantie für eine gute Bewirthschaftung des Grundstücks und eine prompte Zahlung der Zinsen bieten, und ist ein Gut einmal derart

[5]) Vergl. die stenographischen Berichte der Verhandlungen des Abgeordnetenhauses, Session 1869/70, S. 1786 ff.

heruntergekommen, so setzt sich ein solcher Zustand leicht fort, wenn es in weitere Hände, namentlich in Folgen einer ferneren Subhastation, übergeht. Solche Umstände können nun zwar auch bei einem freihändigen Verkaufe eintreten; allein sie bilden hier doch die Ausnahme, und deßhalb ist es verkehrt, daraus, daß bei freiwilligen Verkäufen die Gläubiger den Eintritt eines neuen Hypothekenschuldners nicht hindern können, den Schluß zu ziehen, daß sie auch bei einer Subhastation wegen Eintritt eines neuen Schuldners nicht die Rückzahlung ihrer Forderungen verlangen dürfen. Vielmehr spricht eine gewisse Billigkeit dafür, daß dem Hypothekargläubiger, welcher durch die Subhastation in die unangenehme Lage gebracht wurde, unter ungünstigen Umständen einen beliebigen neuen Schuldner zu erhalten, die Möglichkeit gewährt werde, sein Kapital, auch wenn dasselbe noch nicht fällig war, zurückzuziehen; eine ungerechte Bevorzugung der Interessen des Kapitals vor denen der Landwirthschaft ist darin nicht zu erblicken.

Gewährt man dem Gläubiger diese Möglichkeit nicht unmittelbar durch das Gesetz, so wird sich ohnehin das natürliche Bedürfniß durch vertragsmäßige Klauseln Bahn brechen. Ein vorsichtiger Gläubiger wird bei Hergabe des Kapitals sich ausbedingen, daß der Eintritt der Subhastation als Grund sofortiger Fälligkeit angesehen werden solle, und in Bezug auf diese Klausel, welche schon jetzt in den Statuten mancher Hypothekengesellschaften enthalten und unmöglich als gegen die öffentliche Ordnung oder die guten Sitten verstoßend für ungültig erklärt werden kann, wird bei dem Schuldner in jenem Zeitpunkte, in welchem derselbe an die Folgen der Subhastation nicht zu denken pflegt, regelmäßig keinen Widerspruch finden. — Auch wird die Neigung, die Kapitalien auf lange Kündigungsfristen auszuleihen, woran den Landwirthen gerade gelegen ist, bei den Kapitalisten voraussichtlich sehr abnehmen, wenn der Gläubiger auch im Falle der Subhastation des Grundstücks an diese Fristen gebunden sein soll. Bei kurzen Kündigungsfristen aber wird dem Ersteher durch das Stehenbleiben der Vorhypotheken bei der Subhastation nur für einen kurzen Zeitraum Hülfe gewährt, da die Gläubiger, welche ihm ihr Kapital nicht lassen wollen, sofort beim Eintritt der Subhastation oder doch, sobald es ihnen möglich ist, von dem Kündigungsrechte Gebrauch machen werden, so daß dem Ersteher die Sorge um Anschaffung weiterer Kapitalien zu einer ihm häufig unerwünschten Zeit doch nicht erspart bleibt.

2. Der größeren Konkurrenz von Bietern und der damit verbundenen Wahrscheinlichkeit eines höheren Meistgebots steht, wie bereits angedeutet worden, beim Stehenbleiben der Vorhypotheken die große Gefahr gegenüber, daß das subhastirte Grundstück von Personen erstanden werde, welche ein zur Bewirthschaftung desselben hinreichendes Vermögen nicht besitzen und daher,

nachdem sie dasselbe eine kurze Zeit hindurch möglichst ausgenutzt haben, einer Subhastation zum Opfer fallen. Da erfahrungsmäßig und der Natur der Sache nach Subhastationen meistens von an später Stelle stehenden Gläubigern beantragt werden, so wird im Falle der Nichtauszahlung der Vorhypotheken oft nur ein geringes Baarvermögen zum Ankauf des subhastirten Grundstücks erforderlich sein. Dieses ist geeignet, neben soliden Landwirthen auch leichtfertige Spekulanten, welche kaum die zur Anzahlung nöthige Summe, sicherlich aber nicht das zur Bewirthschaftung erforderliche Betriebskapital besitzen und namentlich nicht im Stande sind, auf die Dauer die beträchtlichen, auf dem Grundstücke ruhen bleibenden Schulden zu verzinsen, zum Ankauf zu verlocken, in der Hoffnung, daß sie sich wenigstens kurze Zeit im Besitze des Grundstücks erhalten und mittlerweile Gelegenheit finden werden, es mit Vortheil wieder zu verkaufen. Ihre kurze Besitzzeit wird nur benutzt, um möglichst aus demselben einen augenblicklichen Vortheil auf Kosten des dauernden Werthes zu ziehen, und wenn ihnen nicht alsbald ein freihändiger Verkauf gelingt, kommt es zu einer weiteren Subhastation, welche wegen der inzwischen eingetretenen oder fortgeschrittenen Deteriorirung des Grundstücks und wegen des schlechten Kredits, in welchen dasselbe durch wiederholte Subhastationen gebracht wird, regelmäßig unter weit ungünstigeren Verhältnissen für die Gläubiger, als für die frühere Subhastation, stattfinden und häufig einen Ausfall an den früher gedeckten Hypotheken herbeiführen wird. Allein nicht bloß das Interesse des Kapitals leidet unter einem derartigen Verfahren, sondern auch dasjenige der Landwirthschaft, indem für das Gedeihen derselben eine gewisse Stabilität des Besitzes in soliden Händen nothwendig ist, und indem die Gefahr, welche für die Sicherheit der Hypotheken mit einer ohne Reinigung des Grundstücks von Hypotheken erfolgenden Subhastation verbunden ist, manche Kapitalisten abschrecken wird, ihr Geld, wenn nicht überhaupt auf Hypotheken, so doch auf an späterer Stelle stehende Hypotheken auszuleihen, an deren Unterbringung den Landwirthen stets am meisten gelegen ist.

Auch ist zu berücksichtigen, daß, wenn auf der einen Seite durch die Möglichkeit einer geringen Anzahlung viele Bieter angelockt werden, auf der anderen Seite wiederum durch die Aussicht, ein mit Schulden belastetes Gut erwerben zu müssen, andere — und gerade besonders zahlungsfähige — Personen vom Bieten abgehalten werden, welche nicht die Neigung haben, sich in verwickelte Schuldverhältnisse, deren Tragweite sie nicht sofort zu übersehen vermögen, oder deren Abwickelung ihnen demnächst vielleicht Schwierigkeiten und Weitläufigkeiten bereiten würde, einzulassen, und es vorziehen, ein schuldenfreies oder doch nur wenig mit Schulden belastetes Gut zu kaufen. Dieser Fall wird namentlich in Gebieten häufiger eintreten, in welchen das Hypothekenwesen noch nicht streng nach den Grundsätzen der Publicität geordnet ist, und die Hypothekenbücher keine gute Uebersicht über die auf dem subhastirten Grundstücke haftenden Schulden gewähren.

3. Während die Tendenz aller neueren Gesetzgebungen über die Zwangsvollstreckung in das unbewegliche Vermögen dahin gegangen ist, und zwar nicht bloß im einseitigen Interesse des Kapitals, sondern im Interesse des Realkredits im Allgemeinen, das Subhastationsverfahren zu beschleunigen und dadurch dem Gläubiger zu einer möglichst raschen Befriedigung zu verhelfen, wird eine Subhastation, durch welche nicht auch die sämmtlichen Vorhypotheken fällig werden, regelmäßig eine erhebliche Verzögerung der Befriedigung des Extrahenten und derjenigen Gläubiger, welche sich seinem Antrage auf Subhastation anschließen, hervorrufen.

Nach dem herrschenden Systeme gestaltet sich das Subhastationsverfahren sehr einfach, und der alsbaldigen Versteigerung des Grundstücks steht nach Stellung des Antrags auf Subhastation von Seiten irgend eines Gläubigers nichts im Wege. Denn da sämmtliche Hypothekargläubiger wissen, daß ihre Hypotheken jedenfalls fällig werden, und der Ersteher, daß er das Grundstück frei von allen Hypotheken erwerben wird, so ist der Kaufpreis und der Erfolg der Versteigerung nicht abhängig von dem Umfange der auf dem Grundstücke haftenden Hypotheken, und der Bietungstermin kann daher ohne irgend welche Unzuträglichkeit stattfinden, bevor dieser Umstand stattgefunden hat. So geht denn auch nach fast sämmtlichen neueren Subhastationsordnungen[6]) der Bietungstermin und die Zuschlagsertheilung an den Ersteher ohne Rücksicht auf die zuvorige Feststellung derjenigen Personen vor sich, an welche der Erlös zu zahlen ist; diese Feststellung erfolgt erst im Auszahlungs- (Vertheilungs-, Kaufgelderbelegungs-) Termine oder noch später und hält daher den Verkauf selbst in keiner Weise auf, und ebensowenig wird im späteren Verfahren die Befriedigung derjenigen Realgläubiger, deren Forderung und Rangordnung unbestritten ist, durch Streitigkeiten zwischen anderen Gläubigern verzögert.

Giebt man dagegen das herrschende System auf, so erheben sich hinsichtlich einer raschen Durchführung der Subhastation unüberwindliche Schwierigkeiten, mag man nun sämmtliche Vorhypotheken durch die Subhastation unberührt lassen, oder nur diejenigen, welche innerhalb des Kaufpreises fallen.

a. Im ersteren Falle ist es zwar an sich möglich, den Verkauf ohne zuvorige Feststellung der auf den Ersteher übergehenden Verbindlichkeiten vorzunehmen; allein ein solches Verfahren würde mit großen Unzuträglich-

[6]) Vergl. z. B. preußische Konkursordnung vom 8. Mai 1855 §. 385 ff; Subhastationsordnung vom 15. März 1869 §§. 60, 65 ff.; allg. bürgerl. Prozeßordnung für Hannover vom 8. November 1850 §§. 564, 595 ff.; bürgerl. Prozeßordnung für Baden vom 12. April 1851 §. 1039 ff.; Code de procédure art. 749 ff; bürgerl. Prozeßordnung für Bayern vom 29. April 1869 Art. 1092 ff.

keiten verbunden sein. Der Ersteher, welcher selbstverständlich einen bestimmten Kaufpreis bietet, nicht aber durch das Gebot unbedingt alle Vorhypotheken ohne Rücksicht darauf, ob deren Betrag jenen Preis übersteigt, übernimmt, ist alsdann ungeachtet des von ihm gethanen Meistgebots noch nicht sicher, ob er das angekaufte Grundstück wird erhalten können; denn wenn sich nachträglich herausstellt, daß die Vorhypotheken durch den Erlös nicht gedeckt werden, so hat die Versteigerung gar keine Wirkung. Diese Unsicherheit über den Erfolg der Versteigerung muß aber nothwendig auf die Höhe des Kaufpreises lähmend einwirken, und zwar um so mehr, da, wie nachher noch näher gezeigt werden wird, die Feststellung des Umfangs der Vorhypotheken unter Umständen eine geraume Zeit erfordern und mithin auch die Zeit der Unsicherheit für den Ersteher eine lange sein wird. Dazu kommt, daß während dieser Zeit entweder der Subhastat ruhig auf dem Grundstück bleiben oder eine Sequestration angeordnet werden muß, was regelmäßig beides nicht zum Vortheile des Grundstücks gereichen wird. Endlich würden für den Fall, daß der Erlös die Vorhypotheken nicht deckt, die meistens nicht unbedeutenden Versteigerungskosten völlig unnütz verwendet sein.

Diese großen Nachtheile vermeidet man zwar mehrentheils, wenn man vor dem Bietungstermine den Umfang der auf den Ersteher übergehenden Verbindlichkeiten genau feststellt; aber thut man dieses, so treten wiederum andere Nachtheile ein. Zunächst der, daß diese Feststellung oft mit vielen Schwierigkeiten und einem großen Zeitaufwande verbunden und daher, wenn sie dem Bietungstermine voraus gehen soll, die Subhastation selbst sehr zu verzögern sehr geeignet ist. Ich will hiebei von denjenigen Gebieten, in denen das Hypothekenrecht nicht auf den strengen Grundsätzen der Spezialität und Publicität beruht, und daher häufig über die Existenz und den Vorrang der Hypotheken und sonstigen Vorzugsrechte die verwickeltsten Streitigkeiten entstehen, ganz absehen, indem die Zahl dieser Gebiete nur noch gering ist und sich mit jedem Jahre vermindert; aber auch bei einem wohlgeordneten, einfachen Hypothekensystem ist diese Feststellung nicht immer so leicht, wie es wohl den Anschein hat. Es kommt hierbei darauf an, außer den sich regelmäßig allerdings aus den Hypothekenbüchern ergebenden — Hauptsummen der rückständigen Zinsen und sonstigen dem Gläubiger zu ersetzenden Kosten und bei den in unbestimmter Höhe eingetragenen Hypotheken (den sogenannten Kautions- oder Kredithypotheken), deren Abschaffung unmöglich sein wird, auch den Betrag der Hauptforderung zu ermitteln; und diese Ermittelung wird häufig um so größere Weitläufigkeiten verursachen, weil sie nicht ausschließlich zwischen dem Schuldner und dem betreffenden Gläubiger geschehen kann, sondern unter Zuziehung aller oder doch mindestens der nachstehenden Gläubiger geschehen muß, da diese mit Rücksicht auf ihre eigene Befriedigung ein wesentliches Interesse daran haben, daß die ihnen gleichstehenden oder vorgehenden Beträge nicht zu hoch berechnet werden. Zur Erledigung dieser Fragen, welche nach dem herrschenden Systeme regelmäßig im Einzahlungs- (Vertheilungs-, Kaufgelderbelegungs-) Termine mit erledigt werden, wird es in manchen Fällen nothwendig sein, vor dem Bietungstermine noch einen besonderen Liquidationstermin anzuberaumen, so daß neben der Verzögerung der Versteigerung auch noch besondere Kosten für die Gläubiger die Folge sind. Es kommt ferner darauf an, die Streitigkeiten zu entscheiden, welche sich zwischen dem Schuldner und den nachstehenden Gläubigern einerseits und den Vorhypothekarien andererseits über die Richtigkeit, das Realrecht oder den Vorrang der Forderung der Letzteren erheben können.[7]) Diese Forderungen sollen zwar nach dem in Rede stehenden Systeme von der Subhastation unberührt bleiben, aber doch nur unter der Voraussetzung, daß sie wirklich Vorhypotheken sind und nicht blos es zu sein scheinen. Diese Vorfrage muß daher nothwendig erledigt werden, wenn in dieser Beziehung von Seiten des Extrahenten der Subhastation oder eines ihm nachstehenden Gläubigers oder auch des Schuldners eine Anfechtung erfolgt; entgegengesetzten Falls würde das Verkaufsrecht der nachstehenden Gläubiger in unzulässiger Weise geschmälert werden. Räumt man aber den nachstehenden Gläubigern und dem Schuldner die Befugniß ein, jene Streitigkeiten vor dem Bietungstermine durchzuführen, so wird dadurch die Subhastation auf das Erheblichste verzögert; indem derartige, im Prozeßwege zu führende Streitigkeiten oft geraume Zeit in Anspruch nehmen werden, zumal der Schuldner ein Interesse daran hat, sie absichtlich in die Länge zu ziehen.

Dazu kommen die Schwierigkeiten, welche der Beitritt eines dem Extrahenten vorhergehenden Gläubigers zur Subhastation nach Feststellung der auf den Erwerber übergehenden Forderungen verursachen. Gestattet man den Beitritt eines solchen Gläubigers noch nach dem gedachten Zeitpunkte, so würde der Umfang der auf den Ersteher übergehenden Forderungen eine wesentliche Aenderung erleiden. Nicht allein die Forderung des beitretenden Gläubigers selbst, sondern auch diejenigen der zwischen ihm und dem Extrahenten stehenden Gläubiger würden von der Subhastation ergriffen werden. Letztere haben in Folge dessen zur Wahrung ihres Interesses ganz andere Schritte zu thun als vorher, namentlich zur Vermeidung des Ausfalls sich auf das Mitbieten einzurichten. Zu den hiezu nöthigen Vorbeitungen ist aber eine gewisse Zeit nöthig, und es würde daher, wenn man in Folge des

---

[7]) Vergl. z. B. §§. 70 und 71 der preußischen Subhastationsordnung vom 15. März 1869; Konkursordnung vom 8. Mai 1855 §. 392 ff.; bürgerl. Prozeßordnung für Hannover §. 600 ff.; code de procédure art. 752; bürgerl. Prozeßordnung für Bayern Art. 1105 ff.

Beitritts nicht eine Verzögerung des Bietungstermines eintreten lassen will, welche sich bei späteren Beitrittserklärungen noch anderer Gläubiger, deren Forderungen fällig sind, von neuem wiederholen kann, dieser Beitritt nur bis zu einer angemessenen Frist vor dem Bietungstermine gestattet werden dürfen. Läßt man aber diese Beschränkung zu, so tritt wiederum der andere Uebelstand ein, daß der zurückgewiesene Gläubiger, dessen Forderung mithin auf den neuen Erwerber übergeht, gleich nach Erledigung der Subhastation eine neue Subhastation beantragen wird, sofern es nicht dem Letzteren gelingt, ihn inzwischen zu befriedigen. Nach dem herrschenden Systeme fallen diese Schwierigkeiteen weg, weil der nachträgliche Beitritt eines Gläubigers zur Subhastation die Stellung der übrigen Gläubiger nicht verändert und daher ohne Verletzung irgend eines Interesses bis zur Versteigerung jederzeit gestattet werden kann.

Nach Ueberwindung aller der eben hervorgehobenen Schwierigkeiten steht es aber — und das ist schließlich noch ein Hauptnachtheil des Grundsatzes des vollständigen Unberührtbleibens der Vorhypotheken — noch nicht einmal fest, ob die Subhastation zu irgend einem Ergebniß führt. Denn wenn im Bietungstermine das Meistgebot den festgestellten Betrag der auf den Ersteher übergehenden Verbindlichkeiten nicht erreicht, so kann der Zuschlag nicht erfolgen, das Grundstück ist vorläufig unverkäuflich und bleibt zum Nachtheile der Gläubiger in den Händen des überschuldeten Eigenthümers oder eines Sequesters, bis ein vorstehender Gläubiger eine neue Subhastation beantragt; und alle vorher aufgewandten Mühen und Kosten sind vergeblich gewesen!

b. Der letztere Uebelstand fällt nun zwar in dem zweiten Falle weg, wenn die Nichtfälligkeit auf diejenigen Vorhypotheken beschränkt bleibt, welche durch den Kaufpreis vollständig gedeckt werden; allein im Uebrigen treten auch unter dieser Voraussetzung die unter a. hervorgehobenen Nachtheile in mehr oder minder großem Maaße ein. Da die dem Extrahenten vorgehenden Gläubiger unter Umständen ganz andere Maßregeln zur Wahrung ihrer Rechte ergreifen müssen, je nachdem ihre Forderungen unberührt auf den Ersteher übergehen oder von der Subhastation ergriffen und fällig werden, die Entscheidung der Frage aber, ob die eine oder andere Alternative eintreten wird, bei dem hier unterstellten Grundsatze wesentlich von dem Umfange der dem Extrahenten vorgehenden Forderungen abhängig ist, so wird eine gleiche Weise wie im Falle a. eine Feststellung des Umfangs der Vorhypotheken dem Bietungstermine vorausgehen müssen, wenn man nicht das wohlberechtigte Interesse der vorhypothekarischen Gläubiger beeinträchtigen will. Ebenso wird es nöthig sein, die Einwendungen nachstehender Gläubiger oder des Schuldners gegen die Richtigkeit der Priorität der nicht fälligen, auf den Erwerber übergehenden Forderungen vorher zu erledigen und einen späteren Beitritt eines vorstehenden Gläubigers zur Subhastation entweder an eine bestimmte Frist zu knüpfen, oder bei unbeschränkter Zulassung eines solchen Beitritts den Bietungstermin zu verlegen, wenn nicht beachtungswerthe Interessen in unzulässiger Weise geschädigt werden sollen. Hierdurch werden aber wiederum die oben geschilderten Vertheuerungen und Verschleppungen des Verfahrens herbeigeführt, welche den Gläubigern, wenigstens so weit sie nicht an einer unbedingt sicheren Stelle stehen, zu gewissem Nachtheile und dem Schuldner im günstigen Falle zu einem höchst zweifelhaften Vortheile gereichen. Daneben geht bei Aufstellung des Grundsatzes, daß diejenigen Vorhypotheken, welche durch das Meistgebot nicht gedeckt werden, fällig werden, der eine Vortheil, den man sich von der Abschaffung des Fälligwerdens der Vorhypotheken verspricht, daß nämlich die Inhaber der Vorhypotheken ruhig dem Subhastationsverfahren zusehen können, großentheils wieder verloren, denn da die vorstehenden Gläubiger im Voraus nicht wissen können, wie hoch das Meistgebot sein und ob es zur Deckung ihrer Forderungen ausreichen wird, so werden sie meistens genöthigt sein, zur Vermeidung eines Ausfalls an ihren Forderungen sich am Bieten zu betheiligen oder doch mindestens sich zur Theilnahme am Bieten vorzubereiten.

Endlich möge noch darauf hingewiesen werden, daß bei einer jeden Abweichung von dem Grundsatze des allgemeinen Fälligwerdens der Hypotheken für diejenigen vorstehenden Gläubiger, welche dem Antrage auf Subhastation sich anschließen wollen, durch die Nothwendigkeit zuvoriger Kündigungen und Ausklagungen mannichfache Kosten erwachsen, welche wegfallen, wenn sie vermöge der gesetzlichen Lösung des Hypothekennexus von selbst der Vortheile des Subhastationsverfahrens theilhaftig werden.

III. So stehen den Nachtheilen des herrschenden Systems erhebliche Nachtheile der entgegengesetzten Systeme gegenüber, und wägt man beide gegen einander ab, so dürfte sich die Waagschale zu Gunsten des ersteren neigen. Dabei kommt in Betracht, daß bei einer unbefangenen Prüfung die Nachtheile des herrschenden Systems sich nicht so groß herausstellen, als man sie von vielen Seiten geschildert hat, daß vielmehr manche Uebelstände, welche man diesem System allein glaubt zuschreiben zu müssen, wohl eben so sehr oder vielleicht noch in höherem Grade anderen Ursachen beizumessen sind. In dieser Beziehung ist es zwar schwer, sich auf Grund von Erfahrungen, welche in dieser vorwiegend practischen Frage doch vor Allem maßgebend sein müssen, ein richtiges Urtheil zu bilden, da die Behauptungen glaubwürdiger und einsichtiger Männer rücksichtlich der von ihnen gemachten Erfahrungen sich vielfach diametral gegenüberstehen. Allein eine einigermaßen sichere Grundlage für unser Urtheil gewinnen wir durch das reichhaltige statistische Material, welches in der vom

K. Preußischen Justizministerium über den Gegenstand dieser Abhandlung ausgearbeiteten und dem jetzt versammelten Landtage der Monarchie vorgelegten gründlichen Denkschrift [7]) entfaltet ist und sich über diejenigen Landestheile erstreckt, in welchen die Subhastationsordnung vom 15. März 1869 Geltung hat (d. h. das Gebiet des A. L. R. mit Ausnahme einzelner Theile des vormaligen Königreichs Hannover), also über den bei weitem größten Theil der Monarchie.

a. Was zunächst die Nachtheile für die Gläubiger anbelangt, so läßt sich, wie bereits oben anerkannt worden, die Möglichkeit nicht bestreiten, daß ein Gläubiger, welcher sein Kapital auf dem subhastirten Grundstücke gern hätte stehen lassen, durch die Subhastation zur Rücknahme desselben genöthigt und dadurch in seinem Interesse geschädigt wird. Allein wenn man erwägt, wie gesucht Kapitalien sind, die dem Realcredite sich widmen wollen, und wie gerade die Klagen über den Mangel solcher Kapitalien in den östlichen Provinzen Preußens hauptsächlich die Abänderungsvorschläge zum Subhastationsverfahren hervorgerufen haben, so spricht gewiß die größte Wahrscheinlichkeit dafür, daß die auf einem subhastirten Grundstücke haftenden Hypotheken nicht nur regelmäßig eine sofortige gute Wiederbelegung auf Grundbesitz finden, sondern meistens sogar in Folge eines gütlichen Uebereinkommens mit dem Ersteher auf dem subhastirten Grundstücke selbst werden stehen bleiben können. Jedenfalls dürfte im Allgemeinen ein Gläubiger sich lieber der Gefahr aussetzen, bei einer Subhastation sein an sich noch nicht fälliges Kapital wider seinen Wunsch zurücknehmen zu müssen, als derjenigen genöthigt zu sein, dasselbe noch bis zum Zeitpunkte der Fälligkeit bei dem durch seine Persönlichkeit ihm vielleicht gar kein Vertrauen einflößenden Ankäufer stehen und bis dahin alle ferneren Schicksale des Grundstücks bei etwaigen weiteren Subhastationen oder Sequestrationen theilen zu lassen; und wenn in sehr vereinzelten Fällen ein Gläubiger einen Nachtheil durch jenen Zwang zur Zurücknahme erleiden sollte, so tritt doch dieser Nachtheil dem gedachten Vortheil gegenüber sehr in den Hintergrund.

Man ist nun, um Vortheil und Nachtheil mit einander zu vereinigen, auf den Gedanken gekommen, dem vorstehenden Gläubiger das Recht zu geben, sein Kapital ungeachtet der nicht eingetretenen Fälligkeit zurückzuverlangen, ohne ihm die Pflicht aufzuerlegen, es zurückzunehmen. Allein hierin dürfte eine einseitige Bevorzugung der Interessen der Gläubiger auf Kosten des Schuldners zu erblicken sein, welche den Ersteher noch mehr von dem guten Willen der verhypothesirten Gläubiger abhängig macht und den

[7]) Vgl. Drucksachen des Preußischen Herrenhauses. Session 1871—72 Nr. 8, S. 89 ff.

Kaufpreis daher noch mehr herabzudrücken geeignet ist, als eine unbedingte Fälligkeit aller Vorhypotheken. Uebrigens scheint auch die Ansicht der Vertreter des Kapitals einer Aufhebung des Grundsatzes, daß durch die Subhastation alle Hypotheken fällig werden, im Allgemeinen nicht günstig zu sein, indem sich nach der oben erwähnten Denkschrift von 9 Landschaften 5 und von 10 Hypotheken- oder Bodenkredit-Banken 8 für Aufrechthaltung dieses Grundsatzes ausgesprochen haben.

Ferner kann bei dem herrschenden System der vorstehende Gläubiger zwar in die Lage kommen, zur Deckung seiner Forderung mitbieten oder gar das subhastirte Grundstück erstehen zu müssen. Diese Nothwendigkeit aber kann für ihn, wie wir oben bereits sahen, auch dann eintreten, wenn die Fälligkeit auf die durch den Kaufpreis nicht gedeckten Vorhypotheken beschränkt wird und würde nur bei einem völligen Unberührtbleiben der Vorhypotheken ausgeschlossen sein. Davon abgesehen jedoch, ist der vorstehende Gläubiger in den meisten Fällen durch das Interesse des Extrahenten und der diesem nachstehenden Gläubiger, denen Behufs Deckung ihrer Forderungen an Erzielung eines noch höheren Meistgebots gelegen sein muß, gegen diese Gefahr geschützt. Und wo dieser Schutz nicht vorhanden, weil die nachstehenden Gläubiger wegen zu großer Ueberschuldung des Grundstücks ohnehin auf Befriedigung nicht mehr rechnen können, wird — wenn überhaupt, was unter solchen Umständen nur ausnahmsweise vorkommen dürfte, der Extrahent auf Fortsetzung der Subhastation und Ertheilung des Zuschlags bestehen sollte — meistens auch ein Fall vorliegen, in welchem die vorstehenden Gläubiger auch unter der Voraussetzung, daß sämmtliche Vorhypotheken durch die Subhastation unberührt bleiben, nur für kurze Zeit gegen jene Gefahr gesichert sein würden. Denn unter dieser Voraussetzung wird sich ein derartig überschuldetes Grundstück fast immer als unverkäuflich herausstellen und bei völliger materieller Zahlungsunfähigkeit des Eigenthümers binnen Kurzem von den vorstehenden Gläubigern selbst eine neue Subhastation oder die Einleitung des Konkurses beantragt werden müssen, in welchem Verfahren dieselben dann doch behufs Vermeidung von Ausfällen zum Mitbieten oder gar zum Ankaufe des Grundstücks genöthigt werden. Die in der mehrerwähnten Denkschrift enthaltene Zusammenstellung der im Geltungsbereiche der Subhastationsordnung vom 15. März 1869 in der Zeit vom 1. Mai 1867 bis gegen Ende 1870 durchgeführten Subhastationen ergiebt zudem, daß die Fälle, in welchen dem Extrahenten vorstehende Gläubiger das Grundstück erstanden haben, nur 10½ pCt. aller Fälle betragen; darnach erscheint die Gefahr der vorstehenden Gläubiger, das subhastirte Grundstück wider Willen erstehen zu müssen, nicht eben groß, zumal wenn man erwägt, daß die subhastirten Grundstücke im Allgemeinen so außerordentlich verschuldet waren, daß in 86, 5 pCt. aller Fälle überhaupt Hypothekargläubiger Ausfälle erlitten haben. (Darunter jedoch nur in 15 pCt. vorstehende Gläubiger.)

Nimmt man nun noch hinzu, daß beim völligen Unberührtbleiben der Vorhypotheken in denjenigen Fällen, in welchen die Subhastation zwar wirklich einen Erfolg hat, das Grundstück aber in die Hände eines Käufers gelangt, welcher, mit unzulänglichen Mitteln versehen, sich nicht in dem Besitze desselben zu erhalten vermag, der vorstehende Gläubiger gleichfalls leicht in die Lage kommen kann, seinerseits eine Subhastation beantragen zu müssen, bei welcher er alsdann des Vortheils entbehrt, einen anderen Gläubiger hinter sich zu haben, welcher das Interesse besitzt, beim Meistgebot zu konkurriren, so muß man meines Erachtens zu dem Ergebniß gelangen, daß für die Gläubiger die Vortheile des — gänzlichen oder theilweisen — Unberührtbleibens der Vorhypotheken von den Nachtheilen erheblich überwogen werden, und daß daher von einer Abänderung des herrschenden Systems eher eine vermehrte, als eine verminderte Neigung der Kapitalisten dem Realcredit Kapitalien zuzuwenden, zu erwarten ist.

b. Ebenso scheinen mir aber auch die Vortheile, welche man sich von einer derartigen Aenderung für den Schuldner verspricht, übertrieben zu sein und den oben geschilderten Nachtheilen nicht gleich zu kommen. An der Hand der Erfahrung kann man am sichersten den Umfang der Nachtheile, welche das herrschende System dem Schuldner zufügt, bemessen, und in dieser Hinsicht bieten wiederum die in der mehrerwähnten Denkschrift des K. Preußischen Justizministeriums enthaltenen statistischen Mittheilungen sehr lehrreiche Anhaltspunkte. Demnach haben bei Subhastationen im landrechtlichen Theile der Monarchie in der Zeit vom 1. Mai 1867 bis gegen Ende 1870 die Bieter zu $71^3/_4$ pCt. aus Personen bestanden, welche dem Gerichte weder als Real- noch als Personal-Gläubiger des Subhastaten bekannnt waren, und ist also die vielfach aufgestellte Behauptung widerlegt, daß der Kreis der Bieter sich hauptsächlich auf die Subhastationsinteressenten beschränke, unbetheiligte Dritte dagegen meistens durch die Nothwendigkeit der Baarzahlung vom Mitbieten abgehalten würden. Auch unter den Erstehern erscheinen noch 43, 5 pCt. unbetheiligter Dritter neben 10, 5 pCt. vorstehender Gläubiger und 46, 5 pCt. Extrahenten, Abhärenten und nachstehender Gläubiger, eine Ziffer, die nicht besonders hoch erscheint, wenn man berücksichtigt, daß auch bei minder erschwerten Kaufbedingungen die letztgedachten Personen zur Verminderung von Ausfällen häufig ein Interesse daran haben, höher zu bieten, als unbetheiligte Dritte es glauben thun zu können. Wie viel größer die Zahl von Bietern und Erstehern, die bei der Subhastation nicht betheiligt waren, gewesen sein würde, wenn die Vorhypotheken ganz oder theilweise durch die Subhastation unberührt geblieben wären, und wie viel höhere Meistgebote in Folge dieser größeren Konkurrenz hätten erzielt werden können, läßt sich freilich aus jener Zusammenstellung nicht ersehen; allein wenn man berücksichtigt, daß in etwa 35½ pCt. aller Fälle der Ersteher auf gütlichem Wege mit Hypothekengläubigern, und in der Hälfte dieser Fälle wiederum mit den den Extrahenten vorgehenden Gläubigern sich über ein Stehenbleiben der Hypotheken verständigt hat, so wird man wenigstens so viel annehmen dürfen, daß es ungeachtet der gesetzlichen Fälligkeit aller Hypotheken nicht bloß reichen Leuten, welche zur Erlegung des ganzen Kaufpreises im Stande sind, sondern auch minder vermögenden Landwirthen, deren Persönlichkeit den Hypothekengläubigern Vertrauen einflößt, möglich ist, sich bei Subhastationen am Bieten zu betheiligen, und daß keineswegs wie wohl behauptet worden, durch das herrschende System ein Privilegium reicher Kapitalisten, subhastirte Güter zum Nachtheile des Subhastaten sowohl wie tüchtiger, aber wenig bemittelter Landwirthe auf billige Weise in ihren Besitz zu bringen, geschaffen wird. Wenn ferner in etwa ⅓ der Fälle, in welchen Vorhypotheken von dem Ersteher übernommen worden sind, die Gläubiger für das Stehenbleiben sich Vortheile — die meistens in einem erhöhten Zinsfuße bestanden — ausbedungen haben, so mag zugegeben werden, daß in den meisten dieser Fälle ein solches Verlangen ohne den Eintritt der Subhastation noch nicht gestattet worden wäre; allein da nach dem Berichte der betreffenden Gerichte die Erhöhung des Zinsfußes meistens nur bis zu dem den dermaligen Kreditverhältnissen entsprechenden Maß gegangen ist, so würde dieselbe aller Wahrscheinlichkeit nach größtentheils auch ohne jenes Ereigniß über kurz oder lang von den Gläubigern verlangt worden sein und vom Schuldner haben bewilligt werden müssen, so daß sie als ein schwer wiegender Nachtheil nicht angesehen werden kann.

Man hat nun freilich aus der weiteren Mittheilung der Denkschrift, daß in 39½ pCt. aller Fälle vor der Geltung der neuen Subhastationsordnung (in welcher die gesetzliche Taxe abgeschafft worden ist) und in 29 pCt. seit der Geltung derselben der Tax- oder der sonst bekannte Werth der subhastirten Grundstücke bei der Versteigerung nicht erreicht worden ist, so wie daraus, daß in 86½ pCt. sämmtlicher Fälle Hypothekargläubiger einen Ausfall erlitten haben, den Schluß gezogen, dieser ungünstige Erlös habe vorzugsweise seinen Grund in dem Erfordernisse der Baarzahlung und dem dadurch beschränkten Kreise der Bieter. Indessen hiergegen ist zu erwidern, daß der s. g. Taxwerth und die sonstige Werthermittelung einen sichern Anhaltspunkt für den wahren, beim Verkaufe des Grundstücks zu erzielenden Werth anerkanntermaßen nicht bildet, daß gerade bei einer Subhastation mancherlei nicht im Verfahren liegende Umstände, wie namentlich, daß meistens eine schlechte, nur auf augenblicklich hohe Erträge abzielende Bewirthschaftung voraus gegangen ist, und daß der günstige Zeitpunkt zur Versteigerung nicht so wahrgenommen werden kann, wie bei einem freihändigen Verkaufe, zur Herabdrückung des Kaufpreises mitwirken, und daß endlich der Ausfall so vieler Hypothekargläubiger mit mindestens eben so viel Grund der Ueberschuldung des Grundstücks über seinen wahren Werth hinaus, als dem Verbleiben des Kauferlöses unter seinem wahren Werth zugeschrieben werden kann.

Nach allem diesem gelange ich zu der Ansicht, daß, wenn gleich ein Abgehen von dem herrschenden Systeme den Vortheil bietet, in manchen Fällen ein etwas höheres Meistgebot zu erzielen, doch dieser Vortheil, der einzige, der überhaupt dem Obigen nach irgend erheblich in's Gesicht fällt, durch die mit einer solchen Abänderung nothwendig verbundenen Nachtheile, insbesondere die größere Betheiligung zahlungsunfähiger Bieter und die Verzögerung und Vertheuerung des Subhastationsverfahrens, entschieden überwogen wird. Und diese Ansicht dürfte um so mehr gerechtfertigt sein, wenn man, wie solches vom Standpunkte des deutschen Juristentages erforderlich, nicht bloß die Verhältnisse der landrechtlichen Provinzen Preußens, sondern die des ganzen Deutschlands vor Augen hat.

Denn in jenen Provinzen ist der Wunsch nach Aenderung des jetzigen Systems hauptsächlich hervorgerufen worden durch die Schwierigkeiten, bei der Subhastation größerer Güter eine hinreichende Anzahl Kauflustiger zu finden, welche im Stande sind, den ganzen Kaufpreis nöthigenfalls baar auszuzahlen. Diese Schwierigkeiten werden aber der Natur der Sache nach da geringer sein, wo der Grundbesitz getheilter ist und die Subhastation daher auch weniger nach großen Komplexen als nach kleineren Parzellen erfolgt, und das trifft durchschnittlich für das übrige Deutschland, insbesondere das mittlere und westliche zu. Ein derartiger Unterschied macht sich schon innerhalb der landrechtlichen Provinzen selbst geltend.

In der Provinz Westphalen und in den Appellationsgerichtsbezirken Naumburg und Halberstadt, wo größere Gutskomplexe im Ganzen weniger vorkommen, als in den östlicher gelegenen Provinzen, ist auch die Zahl der Mitbieter und namentlich der Ersteher, die weder Personal- noch Realgläubiger des Schuldners waren, größer (76, 5 pCt. gegen 70, 9 pCt. Mitbieter, 53, 1 pCt. gegen 40, 4 pCt. Ersteher), desgleichen die Zahl der Fälle, in denen Baarzahlungen zum ganzen Betrage geleistet worden sind (offenbar, weil das Bedürfniß zum Stehenlassen der Vorhypotheken geringer war); und rücksichtlich der Provinz Westphalen wird zudem ausdrücklich von den Gerichtsbehörden berichtet, daß bei Subhastationen vielfach ein unverhältnißmäßig hoher Kaufpreis erzielt werde, weil der Grundbesitz meist in festen Händen und darum die Kauflust überwiegend sei. Die Erfahrungen, welche hier in Bezug auf die Provinzen Westphalen und Sachsen bekundet werden, werden eben so sehr und theilweise in noch erhöhtem Grade auch in anderen Theilen Deutschlands hervortreten.

In meiner Heimathprovinz Hannover z. B., in welcher sich der Grundbesitz, ähnlich wie in Westphalen, meistens in festen Händen befindet, und Bauerngüter von mittlerer Größe vorherrschen, gehören Klagen über zu niedrige Erlöse bei Subhastationen zu den seltenen Ausnahmen, und in der Rheinprovinz, wo die Zerstückelung des Grundbesitzes eine außerordentlich große ist, und es zugleich an Kapitalien nicht fehlt, äußert die gesetzliche Nothwendigkeit der Baarzahlung bei Subhastationen noch weniger einen ungünstigen Einfluß auf den Erlös, während umgekehrt die Durchführung des entgegengesetzten Grundsatzes bei dem dortigen allerdings höchst mangelhaften Hypothekensysteme und der großen Parcellirung des Grundeigenthums fast unüberwindliche Schwierigkeiten bereiten und überdies zu einer Disharmonie mit dem Verfahren beim freiwilligen Verkaufe führen würde, bei welchem der Käufer bei dem in den Kap: VIII und IX. Tit: 18. Buch III des Code civil (Art: 2181 — 2195) geregelten Purgationsverfahren ein Mittel besitzt, ähnlich wie bei der Zwangsversteigerung, eine Reinigung des verkauften Grundstücks von den darauf haftenden Hypotheken auch gegen den Willen der Gläubiger zu bewirken.

IV. Schließlich bleibt mir noch übrig, auf einige Gründe von mehr technisch-juristischer Natur hinzuweisen, welche, wenn sie gleich neben den eben erörterten volkswirthschaftlichen Gründen nur von untergeordneter Bedeutung sind, doch als unterstützende Momente wenigstens einige Beachtung verdienen.

Nach dem herrschenden Systeme ist der Grundsatz, daß durch die Subhastation sämmtliche Hypotheken fällig werden, ein völlig durchgreifender, welcher auf alle Arten der nothwendigen Subhastation unbeweglicher Sachen gleichmäßige Anwendung findet: auf die Zwangsversteigerungen außerhalb und innerhalb des Konkurses, auf die Subhastationen, welche außerhalb des Zwangsvollstreckungsverfahrens auf den Antrag eines Beneficialerben oder eines Miteigenthümers theilungshalber erfolgen,[8]) auf die Subhastationen von Grundstücken, wie von anderen als unbeweglich geltenden Sachen, Schiffen, Bergwerken u. s. w.[9]) und dem entsprechend ist auch für alle diese

[8]) Vgl. z. B. Preuß. Konkursordnung vom 8. Mai 1855 §§. 46 ff. 342 ff 383 ff. Subhastationsordnung vom 15. März 1869 §§. 60 ff. 112; bürgerliche Prozeßordnung für Hannover §§. 595 ff., 648 ff.; Hannov. Pfandgesetz §§. 29 und 69. badische Prozeßordnung §§. 891 ff., 1039 ff.

[9]) Vgl. z. B. Preuß. Subhastationsordnung vom 15. März 1869 §§. 92 ff.; bürgerl. Prozeßordnung für Hannover §§. 558 und 566.

Fälle das Subhastationsverfahren im Wesentlichen übereinstimmend geregelt. Der entgegengesetzte Grundsatz aber, wornach die Vorhypotheken ganz oder theilweise von der Fälligkeit ausgeschlossen bleiben, paßt bei weitem nicht auf alle Arten der nothwendigen Subhastationen. Er ist völlig nnanwendbar auf die Subhastationen im Konkurse, weil es Aufgabe des Konkurses ist, denjenigen Antheil, zu welchem die einzelnen Real- und Personalgläubiger des Gemeinschuldners für ihre Forderungen Befriedigung erhalten können, definitiv festzustellen, zu diesem Zwecke aber es unbedingt nothwendig erscheint, zu ermitteln, in wie weit diejenigen Realgläubiger, welche zugleich Personalgläubiger sind und deßhalb ihre Forderungen auch zur Konkursmasse angemeldet haben, aus den verpfändeten Grundstücken Deckung erlangen, was selbstverständlich nur bei einer völligen Lösung des Hypothekennexus geschehen kann. Aus demselben Grunde ist der gedachte Grundsatz unanwendbar auf die außerhalb der Zwangsvollstreckung auf Antrag eines Beneficialerben theilungshalber erfolgenden nothwendigen Subhastationen, indem auch in diesen dem Konkurse ähnlichen Fällen durch den Zweck des Verfahrens eine definitive Feststellung des den einzelnen Interessenten zufallenden Antheils geboten ist. Endlich würde die Durchführung des Grundsatzes auf andere Gegenstände als Grundstücke mindestens mit sehr großen Unzuträglichkeiten verbunden sein; namentlich beim Zwangsverkauf von Schiffen würde wegen der großen Zahl von Personen, die die Eigenschaft von Schiffsgläubigern haben und daher wie die Realgläubiger eines Grundstücks zu behandeln sind (vgl. die Art. 767 und 770—773 des Allg. Deutschen Handelsgesetzbuchs) eine arge Verwirrung entstehen, wenn nicht, wie solches auch Art. 767 ausdrücklich vorschreibt, durch den Zwangsverkauf das Pfandrecht der Schiffsgläubiger vollständig erlöschen würde.

Hiernach würde die Abänderung des herrschenden Grundsatzes unter allen Umständen im Wesentlichen auf die außerhalb des Konkurses im Wege der Zwangsvollstreckung erfolgenden Subhastationen von Grundstücken zu beschränken sein. Aber selbst innerhalb dieses beschränkten Gebiets müßten wieder Ausnahmen zugelassen werden rücksichtlich der Correalhypotheken und der bedingten Forderungen. Die Correalhypptheken, an deren Abschaffung nicht gedacht werden kann, da sie besonders in Gegenden mit stark getheiltem Grundbesitz für den Realcredit unentbehrlich sind, können unmöglich auf den Ersteher des subhastirten Grundstücks übergehen. Denn dieses würde zur Folge haben, daß, wenn demnächst der Besitzer des mitverhafteten (nicht subhastirten) Grundstücks die Forderung zahlte, dadurch zugleich der Ersteher des subhastirten Grundstücks befreit und folglich, da ihm dieselbe bei der Ansteigerung auf den Kaufpreis angerechnet worden war, ohne allen Grund bereichert werden würde. Wollte man aber etwa, um diesen Uebelstand zu vermeiden, ihm die Correalhypothek auf den Kaufpreis nicht anrechnen, so würde er umgekehrt in dem Falle, daß er selbst vom Gläubiger zur Tilgung der Forderung genöthigt werden sollte, seinerseits einen ungerechtfertigten Nachtheil erleiden, wegen dessen er nur in äußerst seltenen Fällen von dem Subhastaten würde Ersatz erlangen können. Eben so wenig ist es möglich, bedingte Forderungen auf den Ersteher übergehen zu lassen, da die Ungewißheit über die Existenz derselben den Kaufpreis in unverhältnißmäßiger Weise herabdrücken würde. Es würde daher nur übrig bleiben, Correalhypotheken und bedingte Forderungen rücksichtlich der Fälligkeit anders zu behandeln als die sonstigen Hypotheken; daß aber eine solche Unterscheidung namentlich da, wo Correalhypotheken häufig vorkommen, das Verfahren sehr verwickeln würde, liegt auf der Hand.

Sollte man jedoch ungeachtet aller dieser wirthschaftlichen und juristischen Gründe darüber zweifelhaft sein, ob dem Grundsatze des unbedingten Fälligwerdens der Hypotheken vor demjenigen eines völligen oder theilweisen Stehenbleibens der Vorhypotheken der Vorzug zu geben sei, so müßte meines Erachtens zu Gunsten des ersteren Grundsatzes die Betrachtung den Ausschlag geben, daß derselbe, wie im Eingange des Gutachtens näher erörtert worden, ein natürliches Product der neueren Rechtsentwickelung ist, welches sich nicht bloß innerhalb des Gebiets eines einzelnen Rechtssystems, sondern innerhalb der Gebiete sämmtlicher in Deutschland herrschender Systeme des materiellen Rechts, des gemeinen, des preußischen, des französischen, des sächsischen Rechts theils allgemeine, theils vorwiegende Geltung verschafft hat, und welches eben so wenig eine Eigenthümlichkeit einer besonderen Pfandgesetzgebung bildet, sondern sowohl in denjenigen Pfandgesetzen vorherrscht, welche, wie das preußische, sächsische, würtembergische, mecklenburgische u. s. w., auf den Grundlagen der Publicität, Priorität und Specialität beruhen, wie auch in denjenigen, in welchen, wie z. B. das hannoversche, das französische u. s. w. diese Grundsätze nur in sehr mangelhafter Weise durchgeführt worden sind. Wenn die Gesetzgebung es unternehmen will, gegen einen derartigen, bis dahin im steten Fortschreiten begriffen gewesenen Satz eine rückläufige Bewegung zu machen, ohne daß überwiegende innere Gründe dazu nöthigen, so darf sie es meines Dafürhaltens nur unter der Voraussetzung thun, daß eine entschiedene Rechtsüberzeugung des Volks in diesem rückläufigen Sinne sich kund giebt. Das ist aber rücksichtlich der hier in Rede stehenden Frage bis dahin wenigstens keineswegs der Fall. In dem außerpreußischen Deutschland, in welchem der Grundsatz, daß durch die Subhastation sämmtliche auf dem subhastirten Grundstücke ruhenden Hypotheken fällig werden, gleichfalls ganz überwiegend der herrschende ist, sind, so weit mir bekannt, gegen denselben noch gar keine Stimmen von Bedeutung laut geworden, und auch in Preußen ist die Zahl der Stimmen zum Mindesten sehr getheilt. Zwar haben sich nach den Mittheilungen der mehrerwähnten Denkschrift innerhalb des Geltungsbereichs der Subhastationsordnung vom 15. März 1869 (aus den übrigen Landestheilen liegen Meinungsäußerungen nicht vor) von 151 landwirthschaftlichen Vereinen 121 für und nur 30 gegen eine Abänderung des Grundsatzes ausgesprochen; allein andererseits haben nicht nur von 561 Gerichten erster Instanzen 515, und von 19 Appellations-Gerichten 17 sich für Beibehaltung desselben erklärt, sondern auch von 18 Ehrenräthen der Rechtsanwälte und Notare 12, von 9 Landschaften 5 und von 10 Hypotheken- und Bodencreditbanken 8, also neben der überwiegenden Mehrzahl der Juristen auch eine erhebliche Majorität von solchen Korporationen, von welchen man vorzugsweise eine Berücksichtigung der wirthschaftlichen vor den juristischen Interessen erwarten darf. In beiden Häusern des Landtags ferner haben sich zwar viele einflußreiche Stimmen mit mehr oder minder großer Entschiedenheit gegen die Aufrechterhaltung des bestehenden Rechts erhoben; allein schließlich ist dasselbe doch im § 43 des Gesetzentwurfs über den Eigenthumserwerb und die dingliche Belastung der Grundstücke u. s. w. von Neuem sanctionirt worden, und wenn gleich dieses Votum theilweise mit durch äußere Gründe herbeigeführt sein mag, so können doch keinenfalls die Vertreter der entgegengesetzten Auffassung die Mehrheit der Landesvertretung für sich in Anspruch nehmen.

Unter diesen Umständen hat meines Erachtens der Juristentag von seinem, die Verhältnisse des gesammten Deutschlands berücksichtigenden Standpunkte aus alle Veranlassung, die an die Spitze dieses Gutachtens gestellte Frage zu b e j a h e n.

VII.

Gutachten des Herrn Kreisgerichtsdirektors Wetzki zu Marienwerder.

Das Schriftführer-Amt der ständigen Deputation des Deutschen Juristentages fordert mein Gutachten über die Gesetzgebungsfrage:

„Soll in dem Strafgerichte höchster Ordnung an die Stelle des Gerichtshofes und der Jury ein einheitliches Kollegium von Juristen und Laien treten, und in welchem Zahlenverhältnisse sollen beide Elemente vertreten sein?

Ich setze voraus, daß man die Erfahrungen eines praktischen Juristen kennen lernen wolle. Die Verständigung über die beste Art der Einrichtung unserer Schwurgerichte (ich darf wohl diese Bezeichnung der in der Frage gebrauchten substituiren) ist sicher nur dann möglich, wenn in verschiedenen Bezirken die Erfahrungen über die Schwurgerichte sorgsam gesammelt, die Ergebnisse der Rechtssprechung gewürdigt, die Ursachen der sich etwa offenbarenden Mangelhaftigkeit erforscht und dann gewissenhaft geprüft wird, was beizubehalten und was zu ändern sei. Ich habe nun in den Jahren 1849 bis 1852 in Graudenz abwechselnd mit dem Vorstande des dortigen Kreisgerichts, später hier mit seltenen Unterbrechungen immer den Vorsitz bei dem Schwurgerichte geführt, meine Erfahrungen beschränken sich also für jeden dieser Zeiträume immer nur auf einen Bezirk, und wenn ich auch über die Ergebnisse in andern Bezirken mich zu informiren gesucht, so bin ich doch nicht in der Lage gewesen, diese Ergebnisse nach eigner Anschauung kennen zu lernen.

Ich kann nach Pflicht und Gewissen bezeugen, daß trotz der Unvollkommenheit der Gesetze nach meiner Erfahrung das Schwurgericht von seiner Einführung an bis zu den letzten paar Jahren nach allen Seiten hin eine gedeihliche Wirksamkeit entfaltet hat. Die Geschwornen fühlten sich in ihrem Berufe geehrt und gehoben, ihr Eifer erkaltete nicht, auch dann nicht, als man ihnen die politischen und die Preß-Sachen entzog, und von ihrer Opferwilligkeit haben sie noch in späterer Zeit hier ein Beispiel gegeben, wie es vielleicht nirgend wieder zu finden ist. Geschworne und Richter standen in steter Wechselwirkung und lernten von einander. Die Uebereinstimmung beider Kollegien war die Regel, welche nur wenige Ausnahmen erlitt; wo letztere eintraten, konnten zumeist die Richter gegen das Verdikt der Geschwornen nichts erinnern, weil die Verschiedenheit nur in der Würdigung der Beweise lag, beim Indizienbeweise die Richter die Schuld viel leichter konstruirten als die Geschwornen; in einzelnen sehr seltenen Fällen nur müßte ich sagen, daß die Geschwornen nach Ansicht der Majorität der Richter sich geirrt, und auch da trug manchmal der durch die Fragestellung herbeigeführte Zwang die Schuld; in einem einzigen Falle ist von Art. 99 des Gesetzes vom 3. Mai 1852 Gebrauch gemacht. Zwei Fälle lagen allerdings sehr schwer, aber wer möchte nicht auch bei den Entscheidungen der Richter manche Fälle — man denke nur an die Preßsachen — ungeschehen machen wollen. Ihre Unabhängigkeit haben sich die Geschwornen zu erhalten gewußt; es kam vor, daß auch dann, wenn ein das allgemeine Vertrauen im höchsten Grade genießender Staatsanwalt auf Nichtschuldig plaidirte, doch ein Schuldig ausgesprochen wurde, während umgekehrt die Fälle häufig waren, in welchen ein Nichtschuldig ausgesprochen wurde gegen den Antrag auf Schuldig; ebensowenig ließen sie sich durch die glänzendste Vertheidigung beirren. In dem Stande der größeren Besitzer und unter den höhern Beamten fand sich stets eine große Zahl einsichtiger und ehrenfester Geschwornen, die sich durch Persönlichkeiten nicht beirren, nur durch Gründe bestimmen ließen.

So habe ich denn in der Regel sehr günstig über die Resultate der einzelnen Perioden berichten können. Man hat hin und wieder meine Vorliebe für das Institut der Schwurgerichte betont und gemeint, daß ich zu viel Licht dem Bilde gebe, und dennoch habe ich mein Urtheil nicht ändern können. Klang es in Berichten aus anderen Bezirken nicht so, konnte ich mich nicht immer überzeugen, daß die amtlichen Verhältnisse dort so lagen, wie sie liegen müssen. — — — — — — — — — — — — — — — —
In einzelnen Nachbarbezirken stiegen längere Zeit hindurch die Verbrechen,

während sie bei uns immer mehr fielen, und wenn die allgemeinen Verhältnisse sich doch nicht sogar verschieden zeigten, glaube ich die besseren Zustände der Wirksamkeit unseres Schwurgerichts mit beimessen zu dürfen.

In den letzten paar Jahren ist es leider anders geworden und meine Berichte lauten hin und wieder sehr ungünstig. Es kommt vor, daß die Verdikte der Geschwornen nicht zu begreifen sind; forscht man nach, so offenbart sich, daß lediglich die Unfähigkeit der Geschwornen Mißgriffe hervorgerufen. Die Geschwornen, die einen höhern Standpunkt einnehmen, klagen selbst über die Pein, die ihnen die Berathung bereitet, sie kämpfen vergeblich gegen den Widersinn, der dort zu Tage tritt. Der Halbgebildete sucht seinen Beruf darin, etwas herauszuklügeln, woran in der Verhandlung Niemand gedacht hat, und wirft alle ermittelten Thatsachen bei Seite, weil jener Umstand ihm nicht aufgeklärt erscheint, so daß selbst da die Schuld geleugnet wird, wo Anklage und Vertheidigung sie als unzweifelhaft voraussetzen. Der Unfähige sucht bei schweren Verbrechen nur nach einem Grunde, um sich für sein Nichtschuldig eine Entschuldigung zu schaffen, und nur Diebstähle und ähnliche Verbrechen, die das allgemeine Interesse zu nahe berühren, erfahren keine Schonung. Mag ich bei anscheinender Gefahr in der Eröffnungsrede dagegen ankämpfen, mag ich nach Aburteilung des einzelnen Falles die Geschwornen in ihrem Versammlungszimmer bedeuten, wie gefehlt worden, das Recht ist nicht gesichert. Die Vertheidigung lehnt die Fähigen, die Staatsanwaltschaft die Unfähigen ab, es erwächst unter den Geschwornen selbst ein Mißbehagen, und auch der Vorsitzende geht in dem Bestreben, ein gerechtes Verdikt zu erzielen, leicht zu weit.

Den Grund für solche Umgestaltung unserer so glücklichen Verhältnisse finde ich in den Steuerverhältnissen. Die Steuerschraube geht immer tiefer und zu rasch in das Volk hinein, jahrjährlich werden immer mehr Personen aus den unteren in die oberen Steuerstufen gehoben und damit auf die Liste der Geschwornen gebracht. In den unteren Volksschichten gestaltet sich die Bildung um der zeitigen Schulverhältnisse willen immer trauriger; einen gebildeten Mittelstand haben wir eigentlich nicht, selbst in den Städten bringt man es im Bürgerstande nur zu häufig blos zu einer Halbbildung, die verdirbt, was natürliche Begabung schaffen könnte. So müssen denn immer mehr unfähige Elemente unter den Geschwornen erscheinen. Diese Erscheinung offenbart sich nicht nur hier sondern auch in anderen Theilen unserer Provinz; in einigen glücklichen Landstrichen hat die Bildung mit der Wohlhabenheit längst nicht im Verhältnisse gestanden, in Ostpreußen soll man darauf Bedacht haben nehmen müssen, mehrere solche Bezirke, die nach allen anderen Rücksichten zusammen gehören, zu trennen und mit intelligenteren Bezirken zu verbinden. Sollte das Uebel nur diese Provinz oder gar nur einzelne Theile derselben treffen, dann müßten wir es tragen, bis wir in unseren Bildungsverhältnissen weiter gekommen; werden auch andere Provinzen davon betroffen, dann allerdings muß daran gedacht werden, das Uebel zu beseitigen, das Recht zu sichern.

Sollte nur die jetzt in Frage gestellte Umgestaltung der Schwurgerichte hiemit in Verbindung stehen? ich wüßte nicht, welche zwingende Gründe sonst noch hiefür sprechen sollten, wenn man nicht, wie im Civilprozesse so auch hier, um bloßer Theorien willen das praktisch Bewährte verwerfen will. Ich dächte, man müßte doch zusehen, ob nicht mit weniger einschneidenden Mitteln der Zweck zu erreichen wäre. Da liegt zunächst der Vorschlag, die Art. 55 l. c. gegebenen Zahlen einfach zu erhöhen. Stimme ich auch für hohen Census, weil ich solchen, wenigstens für unsere Verhältnisse, als das einzige Mittel halte, die rechten Männer für solchen Zweck zu treffen, so würde ich solche Maaßnahme doch jetzt für unpolitisch halten und abwarten, bis es gelegentlich der Reform unserer Steuerverhältnisse nöthig wird, auch jenes Gesetz umzugestalten. Aber auch bis dahin würde der Schaden, den jene kleine Zahlen uns bringen, leicht dadurch zu beheben sein, wenn man nach Einführung der neuen Kreisordnung den Kreisausschüssen die Feststellung der Jahresliste der Geschwornen überließe. Die in jene Ausschüsse berufenen Männer werden das Kontingent ihres Kreises viel besser auswählen, als es der Chef der Regierung oder gar dessen Büreau-Beamter zu thun vermag.

Ein radikales Mittel läge allerdings darin, die beiden Kollegien der Juristen und Laien aufzuheben und in ein Kollegium zu verschmelzen. Ich würde eine solche Aenderung tief beklagen und kann es mir nicht denken, daß praktische Juristen, die hierin Erfahrungen gesammelt, zu solcher Aenderung ihre Zustimmung aussprechen werden. Das Schwurgericht würde in seiner Wesenheit zerstört werden, seine Bedeutung, die ihm das Volk immer noch beimischt, verlieren. Allerdings würde der unfähige Geschworne in solcher Zusammenstellung kaum schaden können, allein das Volk würde auch wissen und voraussetzen, daß die Geschwornen überhaupt doch nichts nützen können. Das Laienelement, auch dann, wenn es in der Zahl das der Juristen überwiegt, muß im ausbrechenden Widerstreite beider unterliegen, die Rechtskunde, die Schulung und das Ansehen des Richters geben dem Richter ein zu großes Uebergewicht.

Den zeitigen Geschwornen wird in der Verhandlung die Sachlage wie der Rechtspunkt von zwei Juristen dargelegt, von dem Staatsanwalte und dem Vertheidiger; beide werden als Parteien von den Geschwornen behandelt, zwischen denen letztere abzuwägen haben, und diese wissen es und werden daran erinnert, daß sie keinem von beiden einfach nachzubeten, sondern die

Ansichten beider nach den beigebrachten Gründen zu prüfen haben. Dann tritt der Vorsitzende ein; kann das Resumé jetzt auch nicht eine bloße Wiedergabe der einzelnen in der Verhandlung vorgekommenen Thatsachen sein und wird auch der Rechtspunkt vom unparteiischen Richter dargelegt, ist das Verfahren des Vorsitzenden doch nicht darauf berechnet, seine Ansicht über die zu treffende Entscheidung zum Ausdrucke zu bringen, und hören es die Geschwornen von mir oft genug, daß sie ihre Thätigkeit darauf nicht zu richten haben solche Ansicht zu erspähen. — — — — — — — — — — —
Was Gesetzeskunde und juristischer Scharfsinn herauszufinden vermögen, wird den Geschwornen in der Verhandlung dargelegt, sie werden nach dieser Seite hin vollständig für die Entscheidung vorbereitet, es ist aber bis dahin kein Richter aufgetreten, der sein Votum über die Schuld abgegeben und die Geschwornen für seine Ansicht zu gewinnen und hinzureißen gesucht. Treten nun die Geschwornen in ihr Berathungszimmer, darf solche Einwirkung noch viel weniger statthaben, das Leben, von der Wissenschaft geklärt und aufgehellt, muß nunmehr seine volle Wirksamkeit entfalten können, die Geschwornen dürfen nicht darin gestört werden, das starre Gesetz mit dem Rechtsbewußtsein des Volkes in Verbindung zu bringen. Hierauf lege ich das größte Gewicht. Mögen noch so viele Juristen, die sich in ihrer Voreingenommenheit nicht dazu haben entschließen können, der Sache auf den Grund zu sehen, behaupten, die Geschwornen seien bei solcher Procedur nicht im Stande, in schwierigeren Fällen ein sachgemäßes Verdikt abzugeben, — ich bezeuge es nochmals, daß unsere Geschwornen ihre Aufgabe vollständig gelöst haben und sie auch jetzt noch lösen, wenn ihre Zusammensetzung um der oben angezeigten Verhältnisse willen nicht eine unglückliche zu nennen ist. Im Allgemeinen darf ich mich darauf beziehen, was Mittermaier in seinen „Erfahrungen über die Wirksamkeit der Schwurgerichte" S. 684 sagt. Nachdem er die Vorzüge des Richters für die Entscheidung von Rechtsfällen hervorgehoben, weiset er darauf hin, daß diese Vorzüge leicht überschätzt werden, daß gelehrtes Studium noch nicht die hier nöthigen Kenntnisse gewähren, der Jurist durch seine Stellung mehr dem bürgerlichen Leben entfremdet wird und seine Menschenkenntniß leicht aus trüber Quelle schöpft, das Strafgesetz leicht zu sehr nach einer gelehrten Auffassung und in einer zu ängstlichen Auslegung nach dem Buchstaben anwendet und vorzüglich nicht hinreichend die individuellen Verhältnisse eines Falles zu würdigen versteht, — wogegen der Geschworne in der bessern Lage ist, daß er, in der Mitte des vielbewegten Lebens wirkend, mehr Kenntnisse der Lebensverhältnisse und der Menschen besitzt, daß er, nicht durch lange Gewohnheit abgestumpft, nur für einzelne Fälle zur Entscheidung berufen, in einer größeren Spannung und Anregung den Verhandlungen folgt und die Individualität des Falles beur-

theilt, aber auch, durch seine Geschäftsverhältnisse und sein eigenes Interesse genöthigt, zu einer Klarheit und Schärfe des Urtheils gelangt, welche sehr günstig für die Beurtheilung der Rechtsfälle wirkt. Tritt eine größere Zahl solcher Männer aus dem Volke für eine Schuld ein, dann ist Jedermann von der Schuld überzeugt, das Rechtsbewußtsein des Volkes hat das Urtheil geheiligt und unantastbar gemacht, eine Wirkung, wie sie Richter allein, und steht ihnen auch das volle Vertrauen zur Seite, nicht hervorbringen können. Man wende doch nicht ein, daß dabei unleugbar zu viele Freisprechungen vorkommen; es ist das wohl nicht ein Glück zu nennen, daß die Richter die Schuld viel leichter construiren, und was ist denn gegen eine Freisprechung einzuwenden, wenn es trotz der eingehendsten Erörterungen nicht gelingt, 12 rechtschaffene und einsichtige Geschworne von einer Schuld zu überzeugen?

Man könnte für jene Verbindung der Juristen und Laien noch geltend machen, daß damit die Trennung der That- und Rechtsfrage schwinde. Die Trennung führt allerdings viele Unzuträglichkeiten mit sich. Die den Geschwornen gestellten Fragen sind, hat das einfachere und bessere Strafgesetz auch schon viel gebessert, mitunter auch jetzt noch zu künstlich und schwer faßlich, sie bringen die Geschwornen in eine Zwangslage, aus der diese sich, wollen sie ihr Gewissen nicht verletzen, nur durch ein Nichtschuldig befreien können, während sie ein Schuldig ausgesprochen hätten, wäre von ihnen That- und Rechtsfrage zugleich zu entscheiden gewesen. Und welch ein Widersinn, wenn das Verdikt auf ein Schuldig mit Ausschluß eines wesentlichen Umstandes ausfällt und die Richter darauf Freisprechung folgen lassen; das Volk begreift nicht, daß ein Schuldig ohne Strafe bleiben könne. Auf der andern Seite wieder die Erfahrung, daß unser höchster Gerichtshof oft in der Fragestellung den Grund für Vernichtung des Verfahrens findet, und daß um eines Wortes oder einer Redewendung willen die ganze Procedur wiederholt werden muß; ja es ist mir ein Fall vorgekommen, daß der gedachte Gerichtshof bei solcher Vernichtung die Fassung der zu stellenden Fragen vorschrieb, und daß solche um ihrer jetzigen Gestaltung willen verneint werden mußte, während doch die Schuld klar zu Tage lag. Eine vollständige Trennung der That- und Rechtsfrage ist in unseren Gesetzen doch nicht durchgeführt und auch nicht durchführbar; die Geschwornen entscheiden mit ihrem Schuldig auch über die Rechtsfrage, und der Richter untersucht bei seinem Urtheil nochmals die Thatfrage und entscheidet sie manchmal in einer Weise, die auf das voraufgegangene Verdikt einen dunklen Schatten wirft. Um solche anzuträglichkeiten zu beseitigen, hebe man doch einfach, wie es schon Männer der Wissenschaft und Praxis gefordert haben und in einzelnen Staaten geschehen ist, die Trennung auf, beschränke aber um derselben willen die Wirksamkeit der Geschwornen nicht, sondern verstärke sie lieber dadurch, daß man den Geschwornen die einfache Frage: „ob Angeklagter des zur Anklage gestellten Verbrechens des Mordes etc. schuldig," vorlegt.

Endlich könnte man noch daran denken, daß die Gesetzgebung auch anderweit daran gegangen und fernerhin noch mehr dahin streben wird, Richter und Laien zur Entscheidung von Rechtsstreitigkeiten zu vereinen. So jetzt bei der Deputation für das Heimathwesen, bei der ich auch betheiligt bin. Die Verhältnisse liegen hier ganz anders. Die in diesem Kollegium stehenden Laien sind Männer, die von auserwählten Vertretern des Volkes für diesen Zweck unter den Tüchtigsten als die geeignetsten erkannt sind, und dennoch kann ich nach meiner Erfahrung sagen, daß, sind diese Männer auch bei praktischen Maaßnahmen von entscheidendem Gewichte, bei Entscheidung von Rechtsstreitigkeiten die Ansichten der beiden Richter doch vorwiegen. — Das Institut der Schöffen hat sich in einigen Staaten bewährt, und es werden Wünsche laut nach Erweiterung der Wirksamkeit derselben. Bei uns in Preußen haben wir unwissende Richter, denen Wissende zur Seite gestellt werden müssen, nicht, und was für Polizeisachen dienlich sein kann, um eine zu bagatellmäßige Behandlung zu verhüten, das paßt auf Verbrechen nicht, deren Wichtigkeit an sich schon die Beobachtung vieler sichernden Formalien nöthig macht. Auch ich sage, daß ein Schöffengericht selbst weniger Vortheile bietet als ein nur aus Staatsrichtern bestehendes Gericht, während es keine Vortheile bietet, welche das Schwurgericht geben kann. Wie sauer müßte es den Laien werden, sich durch die juristischen Streitigkeiten der mehreren Richter durchzuwinden, und welche Gewalt über die übrigen Richter müßte dem Vorsitzenden durch die Laien erwachsen!

Ich schließe mit dem Wunsche: man verwerfe die Aenderung und sorge nur dafür, daß Unfähigkeit fern bleibe. Dann wird sich das Schurgericht die Achtung und das Vertrauen erhalten, die es früher in so reichem Maaße genossen und auch heute noch trotz Allem genießt. Sollte man aber dennoch jene Aenderung belieben, dann darf ich den zweiten Theil der Frage kurz beantworten. Schon bei der bisherigen Einrichtung erscheint die Richterzahl zu groß. Die langjährige Praxis hat die Grundsätze festgestellt, in manchen Perioden tritt auch nicht eine Frage auf, die das Richterkollegium eingehender beschäftigt. Es erscheinen statt der fünf Richter auch jetzt schon drei genügend, nur würde man bei der kleineren Anzahl daran denken müssen, junge Richter fern zu halten. Diese kleinere Zahl dürfte bei dem vereinten Kollegium nicht überschritten werden, einmal, um dasselbe nicht zu groß werden zu lassen, dann aber auch, um den Einfluß des Richter-Elements so wie die Qual der Laien nicht zu groß werden zu lassen. Den Vorsitzenden allein kann man nicht lassen; er irrt und fehlt zu leicht, besonders dann, wenn die Anstrengungen zu groß werden, es müssen Rechtskundige ihn bei der Procedur schützen und schirmen. Die Geschwornen müssen natürlich, soll ihnen vom Volke nicht vorweg jede Bedeutung abgesprochen werden, überwiegen und auf die Doppelzahl der Richter gebracht werden. Ich würde sonach vorschlagen: 3 Richter und 6 Laien.

VIII.

Gutachten des Herrn Oberappellations-Gerichtsrath Dr. Bähr zu Berlin

über die Gesetzgebungsfrage:

„Soll die Entscheidung über die richtige Anwendung der Landesgesetze den obersten Landesgerichten überlassen und nur die Entscheidung über die richtige Anwendung der Reichsgesetze dem höchsten Reichsgerichte zugewiesen werden? oder in welcher Weise soll die Competenz des höchsten Reichsgerichts überhaupt begrenzt werden?[1])"

---

§. 1.

Das Bedürfniß eines jeden Staatswesens, seine Rechtsprechung in einem obersten Gerichtshofe gipfeln zu lassen, beruht auf dem Bedürfniß des einheitlichen Staates, das in ihm geltende einheitliche Recht auch in seiner Anwendung einheitlich zu erhalten und nicht durch verschiedene Auslegung der Gerichte zu einem zwiespältigen werden zu lassen. In diesem Sinne ist die Einheit des Gerichts, wie sie durch einen einheitlichen obersten Gerichtshof repräsentirt wird, ein mit der Einheit des Gesetzes Hand in Hand gehendes politisches Bedürfniß. Beide, Einheit des Gesetzes und Einheit des Gerichts in ihrer Verbindung, begründen dann erst in Wahrheit die Einheit des Rechts.

---

[1]) Manches in diesem Gutachten Ausgesprochene hat bereits früher eine ausführlichere Begründung erhalten in den Aufsätzen des Verfassers: „Die Einheit des obersten Gerichtshofs in Preußen", (Preuß. Jahrbücher, Bd. XXII) und: „Das Rechtsmittel zweiter Instanz im deutschen Civilprozesse. Jena, Mauke's Verlag 1871." Es darf hier wohl der Kürze halber darauf verwiesen werden.

Wäre dieses politische Bedürfniß nicht vorhanden, so würde die Frage, ob man im rein juristischen Interesse einen oder verschiedene Gerichtshöfe an die Spitze der Rechtsprechung stellen solle, eine Frage der Zweckmäßigkeit je nach den Justizeinrichtungen des betreffenden Landes sein. Ein unbedingtes juristisches Bedürfniß für einen einheitlichen höchsten Gerichtshof im Staate ist nicht anzuerkennen. Namentlich bietet ein höchster Gerichtshof an und für sich keine größere Garantie für den inneren Werth seiner Entscheidungen, als deren mehrere.

Das hervorgehobene Bedürfniß der Einheit des Gerichts findet seine natürliche Grenze in der Einheit des Gesetzes; (es wird erlaubt sein, unter „Gesetz" die Gesammtheit aller Arten von Rechtsnormen zu verstehen). Soweit in einem Staate das Gesetz nicht einheitlich ist, also die erste Grundlage und Bedingung für die Einheit des Rechts fehlt, ist nicht abzusehen, was die Einheit des Gerichts für die Einheit des Rechts noch bedeuten könnte.

Innerhalb der Einheit des Gesetzes erreicht ein höchster Gerichtshof das Ziel einheitlicher Rechtsanwendung theils durch das unmittelbare Eingreifen seiner Entscheidungen, theils durch deren Bedeutung als Präjudizien für die gesammte übrige Rechtspflege des Landes. Von diesen beiden Wirksamkeiten ist allerdings die erste die durchgreifendere. Sie allein wird aber zu einer einheitlichen Gestaltung der Rechtsprechung nicht ausreichen. Dazu muß die zweite hinzukommen. Beruht diese auch in ihrem letzten Grunde auf der ersten, so wird sie doch wesentlich zugleich getragen von der moralischen Autorität, welche ein höchster Gerichtshof durch den inneren Werth seiner Entscheidungen sich erwirbt. Wo diese Autorität fehlt, wird ein solcher Gerichtshof seine eigentliche Aufgabe unerfüllt lassen. An die Stelle organischer Einheit der Rechtspflege wird sich nur allzuleicht Zwiespalt und Kampf der Instanzen unter einander setzen.

Die Einheit der Rechtsprechung nach außen wird ein höchster Gerichtshof nur dann erzielen können, wenn er auch in seinem Innern die Einheit trägt; d. h. wenn die Einrichtungen desselben von der Art sind, daß sie eine einheitliche, in ihrem Verlauf möglichst sich consequent bleibende Rechtsprechung in Aussicht stellen. Fragen wir, wodurch diese Consequenz der Entscheidung erreicht werde, so kann die Antwort nur die sein: durch das ständige Zusammenwirken der nämlichen collegialisch geeinigten Richter. Wo diese Identität der rechtsprechenden Personen fehlt, wo also z. B. ein oberster Gerichtshof in eine Reihe personell getrennter Senate zerfällt, deren jeder selbstständig urtheilt, da hört auch die Einheit der Rechtsprechung auf, und der Gerichtshof verfehlt seinen Zweck. Auch durch eine Arbeitstheilung, wie sie innerhalb der preußischen höchsten Gerichtshöfe besteht, wonach den verschiedenen Senaten verschiedene Rechtsmaterien (z. B. dingliche Rechte, Obligationen 2c.) zugewiesen sind, wird der Mangel innerer Einheit nicht ausgeglichen, da ja die verschiedenen Materien in ihren maßgebenden Grundsätzen vielfach in einander fließen; auch abgesehen davon, daß die Rechtspflege eine solche Theilung nach Analogie eines Fabrikgeschäfts nur schwer erträgt. Natürlich wird die einheitliche Thätigkeit eines höchsten Gerichtshofes um so schwieriger, je umfangreicher sein Geschäftskreis ist, und je größer deshalb die Anzahl seiner Mitglieder sein muß. Einheit der Rechtsprechung durch einen höchsten Gerichtshof kann daher nur erreicht werden, wenn man seine Thätigkeit auf einen Geschäftskreis beschränkt, innerhalb dessen noch ein einheitliches Zusammenwirken seiner Mitglieder möglich ist, und wenn man namentlich den Proceß vor demselben so ordnet, daß die Kräfte nicht zersplittert, sondern möglichst concentrirt werden.

Es ergiebt sich hieraus, daß — jedenfalls in einem größeren Staate — das an einen solchen Gerichtshof gehende Rechtsmittel nur ein solches sein kann, welches der französischen Cassation entspricht; d. h. ein Rechtsmittel, das die Verletzung des Gesetzes in abstracto zur Grundlage nimmt, dagegen alle Fragen concreter Rechtsanwendung (quaestiones facti) von sich ausschließt.

Dieses Rechtsmittel, — Cassation, Nichtigkeitsbeschwerde, revisio in jure, oder wie man es sonst nennen mag, — macht es denn auch nur möglich, die Zuständigkeit eines höchsten Gerichts nach Maßgabe bestimmter Gebiete von Gesetzen, wegen deren Verletzung Beschwerde geführt wird, zu ordnen. So beruht, wir mir scheint, die im Eingang gestellte Frage schon von vornherein auf der Unterstellung, daß nur ein Rechtsmittel der gedachten Art das an das höchste Reichsgericht gehende sein könne; und ich werde daher hiervon ohneweiteres ausgehen dürfen. Die Art und Weise aber, wie dieses Rechtsmittel an die Rechtsprechung der Landesgerichte sich anzuschließen hätte, könnte nur die sein, daß die Landesgerichte auf zwei Instanzen beschränkt würden; — eine Instanzenzahl, die, vorausgesetzt daß die zweite Instanz voll, und nicht blos verstümmelt gewährt wird, für das praktische Interesse der Rechtsuchenden in der That genügt; — und daß daneben dann im Falle der Verletzung eines Gesetzes, dessen Gebiet der Judicatur des höchsten Reichsgerichts unterläge, die Cassation an letzteres als dritte Instanz eröffnet würde.

Schließlich sei an diese einleitenden Sätze hier noch die Bemerkung geknüpft, daß die einem höchsten Gerichtshof gestellte Aufgabe der Erhaltung der Rechtseinheit doch immer nur annähernd zu erreichen sein wird. Namentlich ist ein ständiges unbedingtes Festhalten des Gerichts an seinen eignen

Entscheidungen weder möglich, noch wünschenswerth. Es ist nicht möglich, weil bei dem doch immer wieder eintretenden Wechsel der Personen auch die damit wechselnden Ansichten sich geltend machen werden. Es ist nicht wünschenswerth, weil ein solches unbedingtes Festhalten auch zu einem Festhalten aller einmal vorgekommenen Irrungen führen würde. Es giebt innerhalb der Rechtsprechung ein reiches Gebiet von Fragen, welche ihrer inneren Natur nach niemals durch Präjudizien festgestellt werden können. Auf diesem Gebiete muß sich ein höchster Gerichtshof auch seinen eigenen Entscheidungen gegenüber stets die geistige Freiheit bewahren. Mit deren Aufgeben verfällt er einer Präjudizien-Wirthschaft, die der Tod aller Wissenschaft ist. — Andrerseits aber liegt im Gebiete der Rechtsprechung auch eine nicht geringe Anzahl Fragen positiver Natur, bei welchen das Festhalten auf dem einmal eingeschlagenen Wege nicht allein möglich, sondern auch an sich werthvoll ist. Und dieses Gebiet ist es vorzugsweise, auf welchem die Einheit der Rechtsprechung sich zu bewähren hat.

§. 2.

Stellen wir nun die Frage, wie die Zuständigkeit eines für Deutschland zu schaffenden höchsten Reichsgerichts bestimmt werden solle, so müssen wir uns vor Allem die verschiedenen Gruppen von Rechtsquellen vergegenwärtigen, welche die gegenwärtigen Rechtszustände Deutschlands beherrschen.

Gemeinsames Recht für ganz Deutschland bilden die Reichsgesetze, d. h. diejenigen Gesetze, welche das neuerstandene deutsche Reich theils selbst geschaffen, theils aus dem Norddeutschen Bunde oder der früheren Gesetzgebung Deutschlands sich angeeignet hat.

Der Reichsgesetzgebung gegenüber stehen die Landesrechte. Innerhalb dieser aber lassen sich zwei Gruppen von Rechtsquellen unterscheiden; diejenigen, welche durch ihren umfassenden Geltungsbereich einen mehr allgemeinen, und diejenigen welche durch ihren beschränkten Geltungsbereich einen im engeren Sinne particularen Charakter an sich tragen. Zu der ersten Gruppe gehören:

1. das s. g. gemeine Deutsche Recht, welches noch heute die Grundlage der Rechtsprechung in der Mehrzahl der Deutschen Staaten, sowie auch in mehreren Landestheilen und namentlich den neuerworbenen Provinzen Preußens abgiebt;

2. das französische Recht, welches in der preußischen Rheinprovinz, in sämmtlichen Ländern und Landestheilen jenseits des Rheins, sowie auch in Baden[2]) gilt;

[2]) Für Baden liegt freilich die Sache in sofern zweifelhaft, als das dortige Gesetzbuch — Badische Landrecht, — zwar im großen Ganzen eine Uebersetzung des

3. das allgemeine preußische Landrecht, welches in sämmtlichen älteren Provinzen des preußischen Staates die Grundlage der Rechtsprechung bildet. Diesem letzteren schließt sich dann auch die umfangreiche weitere Gesetzgebung an, welche in Preußen für den Gesammtstaat oder eine größere Anzahl von Provinzen ergangen ist.

Charakteristisch für diese Rechtsquellen ist es, daß es unmöglich sein würde, ihren Geltungsbereich unter einem einheitlichen Gerichte zweiter Instanz zu vereinigen; daß vielmehr, wie groß man auch die Sprengel der zweitinstanzlichen Gerichte sich denken mag, dieselben doch nicht so groß werden können, um einen jener Geltungsbereiche zu decken.

Im Gegensatz zu dieser Gruppe von Rechtsquellen ist die andere Gruppe zu stellen, welche man als Particularrechte im engeren Sinne bezeichnen kann; — dasjenige auf Rechtsgewohnheit oder Landesgesetzen beruhende Recht, welches seinen Geltungsbereich nur innerhalb der einzelnen (mindergroßen) deutschen Staaten findet, und für welches daher die Einheit der Rechtsprechung schon durch die Unterstellung unter ein einheitliches Gericht zweiter Instanz zu erzielen stände. Dahin würde auch das bayerische Particularrecht gehören, vorausgesetzt daß es möglich sein wird, für das gesammte Bayern die zweite Instanz in einem Gerichtshofe zusammen zu fassen. Und nicht minder würde, unter gleicher Voraussetzung für Sachsen, auch das auf dem sächsischen Civilgesetzbuch beruhende Recht dahin zu rechnen sein; obgleich ja nicht zu verkennen ist, daß letzteres für Sachsen eine ähnliche Stellung einnimmt, wie für die älteren Provinzen Preußens das preußische Landrecht.

Bezüglich dieser verschiedenen Rechtsgruppen ist nun unbedingt anzuerkennen, daß für das Gebiet der Reichsgesetzgebung die Wahrung der Rechtseinheit mittelst einer einheitlichen höchsten Rechtsprechung eine im Interesse des deutschen Reichs gebotene Nothwendigkeit ist. Auf der Anerkennung dieses Bedürfnisses beruht auch bereits die Schaffung des Reichs-Oberhandelsgerichts. Wenn seiner Zeit gleichwohl, selbst von aufrichtigen Freunden deutscher Einheit, dieser Schaffung Bedenken entgegen gesetzt wurden, so gingen diese doch nur davon aus, daß dafür zur Zeit, namentlich so lange es an einer einheitlichen Prozeßgesetzgebung fehle, die Verhältnisse nicht reif seien; Bedenken, welche durch die inzwischen gemachten Erfahrungen auch

---

Code ist, jedoch auch mehrfache Zusätze und Abänderungen enthält. Erachtet man danach dieses Civilgesetzbuch für ein selbstständiges, so würde Baden eine ähnliche Stellung wie Sachsen einnehmen.

Bestätigung erhalten haben.[3]) Daß aber principiell ein Bedürfniß besteht, für das gesammte durch die Reichsgesetzgebung begründete Recht, einschließlich des Strafrechts, in dem höchsten Reichsgerichte eine einheitliche oberste Instanz zu gewinnen, bedarf wohl hier keines weitern Beweises; wie denn auch die zur Begutachtung gestellte Frage ohneweiteres davon ausgeht.

Für ebenso unzweifelhaft halte ich es aber, daß es nicht wohlgethan sein würde, der Rechtsprechung des höchsten Reichsgerichts das gesammte Gebiet der Landesrechte, namentlich also auch dasjenige Gebiet zu unterstellen, welches ich oben als Particularrecht im engeren Sinne bezeichnete. Der Nachtheil einer so weit gehenden Ausdehnung würde ein doppelter sein:

1. daß die Rechtsprechung dadurch nicht gebessert, sondern eher verschlechtert würde; und
2. daß das höchste Reichsgericht seine eigentliche Aufgabe, innerhalb des gemeinsamen Rechts die Rechtseinheit zu erhalten, nicht mehr erfüllen könnte.

§. 3.

Der erste Punkt möchte wohl kaum hier noch eines Beweises bedürfen. Man hat freilich in neuerer Zeit mitunter gesagt, es komme gar nicht darauf an, daß ein Richter das Recht des Landes, für welches er judicire, kenne; vielmehr genüge es, daß er nur im Allgemeinen Rechtsbildung besitze; dann sei es ein Leichtes, daß er sich in jedes Landesrecht hineinfinde. Ich halte diese Ansicht für durchaus irrig. Die Rechtsprechung ist ja nicht blos eine aprioristische Thätigkeit; vielmehr hat sie überall das Positive des Rechts zur Grundlage zu nehmen. Dieses Positive aber will gelernt sein. Nur mit der vollendeten Herrschaft über den positiven Stoff gewinnt der Richter die Fähigkeit, seinen Beruf, zumal in höchster Instanz, würdig auszufüllen.

In einem höchsten Gerichtshof, der, wie das höchste Reichsgericht voraussichtlich sein würde, aus Juristen der verschiedensten Länder zusammengesetzt ist, wird nun aber die Kenntniß jedes einzelnen der mannigfaltigen deutschen Particularrechte im besten Falle nur von je einem oder zwei Mitgliedern vertreten sein können. Alle übrigen wissen nichts davon. Sobald daher eine Frage aus dem gedachten Rechte zu entscheiden ist, geräth der

---

[3]) In dem beim Reichs-Oberhandelsgerichte anhängigen Rechtssachen verhalten sich dem Vernehmen nach die Fragen des Handels- und Wechselrechts zu den particularrechtlichen Fragen aller Art wie 1 u. 5. Auch hat die Menge der Geschäfte bereits genöthigt, in zwei personell völlig getrennten Senaten zu arbeiten, womit die Einheit der Rechtsprechung ihre Grundlage verloren.

Gerichtshof in die schwierigste Lage. Das landesangehörige Mitglied, wenn ein solches überhaupt vorhanden ist, wird natürlich bemüht sein, die übrigen zu unterrichten. Aber das gelingt nicht so leicht. Der Gesetzesparagraph, der zur Anwendung kommen soll, und welcher der Mehrzahl der Richter jetzt zum erstenmal unter die Augen tritt, geht von Hand zu Hand, und jeder sucht sich herauszulesen, was er kann. Aber wer vermag sofort den Zusammenhang zu überblicken? Nun werden Fragen aller Art aufgeworfen; Zweifel werden erhoben, an welche vielleicht in dem betreffenden Lande selbst Niemand mehr denkt. Anschauungen werden hineingetragen, die jeder Einzelne aus den ihm bekannten Verhältnissen seiner Heimath mitbringt. Ob sie aber passen, ist eine andere Frage. Mitunter führt ein glücklicher Zufall zur Aufklärung der obwaltenden Mißverständnisse. Aber wie, wenn ein solcher Zufall nicht eintritt?

Die Schwierigkeiten, mit welchen ein so zusammengesetzter Gerichtshof auf den gedachten Rechtsgebieten zu kämpfen hat, machen sich denn auch subjectiv und objectiv in der schmerzlichsten Weise fühlbar. Die Mitglieder stehen unter dem unbefriedigten Bewußtsein, selbst mit dem besten Willen ihre Stellung nicht ausfüllen zu können. Eine allseitige Herrschaft über den bunt zusammengewürfelten Stoff zu gewinnen ist nicht möglich. Der Gerichtshof lebt stets gleichsam von der Hand in den Mund. An eine wissenschaftliche Durchdringung des Rechtsstoffes, an eine fortschreitende Ausbildung des anzuwendenden Rechts ist nicht zu denken. Glücklich, wenn nur entschiedene Mißgriffe vermieden werden. So erlahmt dann endlich die Kraft selbst der Besten und Eifrigsten, und sie werden gleichgültig gegen einen Beruf, dem sie nur äußerlich, nicht innerlich zu genügen vermögen.

Objectiv aber entbehrt ein solcher Gerichtshof auch der Wirksamkeit. Wenn von demselben, was doch nicht fehlen kann, öfters Entscheidungen ergehen, denen die untergebenen Gerichte sofort ansehen, daß sie von keinem wirklichen Verständnisse der Sache getragen sind, so muß darunter nothwendig das Ansehen des Gerichtes leiden. Darnach wird aber selbst das, was es Gutes zu leisten vermag, mindere Beachtung finden. Man gewöhnt sich daran, seine Entscheidungen als etwas Zufälliges anzusehen. Man respectirt sie im einzelnen Falle, worin sie ergehen, läßt sie aber sonst unbeachtet, oder macht ihnen wohl gar eifrige Opposition. Kurz ein solcher Gerichtshof entbehrt derjenigen moralischen Autorität, welche für seine gedeihliche Wirksamkeit unentbehrlich ist.

Dies die juristische Seite der Sache. Es würde aber auch der höchste deutsche Gerichtshof wenn man den gesammten Rechtsstoff der Particularrechte ihm zuwiese, seiner eigentlichen Aufgabe auf dem Gebiete des gemeinsamen Rechts die Rechtseinheit zu erhalten, entfremdet werden. Und zwar aus dem einfachen Grunde, weil in diesem Falle sein Geschäftsbereich einen Umfang gewänne, innerhalb dessen eine einheitliche Thätigkeit des Gerichtshofs nicht mehr möglich wäre. Der Gerichtshof müßte, um nur den Stoff zu bewältigen, in eine Menge Senate sich auflösen, deren Rechtsprechung sich nach allen Richtungen zersplittern würde.

§. 4.

Dies Alles gilt unbedingt nur, wenn wir die Frage der Verweisung der Particularrechte im engeren Sinne an das höchste Reichsgericht ins Auge fassen. Anders stellt sich die Frage in Betreff der oben (S. 101) bezeichneten allgemeineren Rechte, welche je einen größeren Gebietstheil Deutschlands beherrschen. Hier würde Stoff und Mittel für eine einheitliche Rechtsprechung genügend gegeben sein. Für jedes dieser drei großen Rechtsgebiete könnte man Juristen, die je einem derselben von Hause aus angehören, zu einer Abtheilung (einem Senate) des höchsten Gerichts vereinigen, und so eine einheitliche Rechtsprechung für jedes dieser Rechtsgebiete schaffen.

Fragen wir nun nach dem deßhalbigen practischen Bedürfnisse, so wird sich freilich für die Länder des gemeinen und französischen Rechts ein solches schwerlich behaupten lassen.

Was zunächst die juristische Seite der Sache betrifft, so glaube ich nicht, daß durch eine solche gemeinschaftliche höchste Instanz auf den gedachten Rechtsgebieten im großen Ganzen ein materiell besseres Recht werde erzielt werden, als durch die bisherigen Rechtsprechung der höchsten Landesgerichte. Meiner Ansicht nach hat die Vielheit der höchsten Instanzen in Deutschland bisher der wissenschaftlichen Ausbildung des Rechtes, namentlich auf dem Gebiete des gemeinen Rechts, keinen Eintrag gethan. Im Gegentheil lag in dem Wetteifer, womit von allen Seiten an dieser Ausbildung gearbeitet wurde, eine wesentliche Förderung derselben, zumal, seitdem die Mittel gegeben waren, von der Thätigkeit der verschiedenen höchsten Gerichtshöfe allseitig Kenntniß zu nehmen. Allerdings ist ja, wenn verschiedene höchste Gerichtshöfe bestehen, stets die Möglichkeit gegeben, daß deren Ansichten von einander abweichen; und wenn man unterstellt, daß in diesem Falle stets der eine Gerichtshof die bessere, der andere die schlechtere Ansicht vertrete,[4]) so könnte man ja immerhin wünschen, daß die letztere in einem darüber stehenden Reichsgerichte noch ein Correctiv fände. Allein wer garantirt denn dafür, daß das höchste Reichsgericht jederzeit die bessere und nicht auch die schlechtere Ansicht sich aneigne? Wollte man Gewicht darauf legen, daß dieses Gericht nur mit den ausgezeichnetsten

---

[4]) Es giebt auch Fragen, bei denen sich kaum behaupten läßt, daß die eine oder die andere Entscheidung die bessere sei.

Kräften besetzt, und dadurch eine Garantie werde gegeben werden, daß dasselbe nur Vorzügliches leiste, so darf man doch nicht vergessen, daß die Auswahl und Zusammenbringung der „ausgezeichnetsten Kräfte" nicht ohne Schwierigkeit ist, und die darauf gerichtete Absicht nicht immer die Bürgschaft des Gelingens in sich trägt; daß aber auch in gleichem Maße, als dies wirklich gelingt, die ausgezeichneten Kräfte den Landesgerichten entzogen werden, wo sie unter Umständen weit nützlicher wirken können.

Namentlich würde, meiner Ueberzeugung nach, die Annahme, daß die Wissenschaft des gemeinen Rechts durch ein aus Juristen verschiedener Länder zusammengesetztes höchstes Reichsgericht, welches seine Thätigkeit auf das gesammte Gebiet des gemeinen Rechts erstreckte, eine besondere höhere Ausbildung erfahren könne, nur unter kaum zu erwartenden günstigen Voraussetzungen sich bewahrheiten. Wer Erfahrungen zu machen Gelegenheit hat, wird finden, daß Praktiker, welche in verschiedenen gemeinrechtlichen Ländern herangebildet sind, auch wenn sie ganz auf dem Boden des gemeinen Rechts sich zu bewegen glauben, leicht in Mißverständnisse gerathen, die man fast einer babylonischen Sprachverwirrung vergleichen möchte. Der Grund hierfür liegt darin, daß das gemeine Recht, theils zufolge der an sich so unbestimmten Natur seiner Grundlagen, theils durch seine innige Verwachsung mit einheimischen Rechtsinstitutionen und Particulargesetzen, in den einzelnen Ländern eine äußerst verschiedene Gestalt angenommen hat, indem man mehr oder weniger von dessen Grundlagen abgewichen ist. Wie viel von diesen Abweichungen aber nur als eine mißbräuchliche Anwendung, wie viel dagegen — vielleicht den Betheiligten selbst kaum bewußt, und noch schwerer für Fremde erkennbar — als eine durch den Zusammenhang mit dem heimischen Rechtsstoff vollberechtigte Eigenthümlichkeit und sachentsprechende Fortbildung anzusehen sei, ist meist außerordentlich schwer zu sagen. Ein höchster Gerichtshof, welcher von einem mehr oder weniger abstracten Standpunkt aus hier mit plumper Hand eingreifen wollte, könnte leicht in den Rechten der einzelnen Länder weit mehr schädigen, als bessern. Unter allen Umständen aber wird schon die Schwierigkeit, welche diese so verschiedene Ausbildung des gemeinen Rechts in den verschiedenen Ländern der Thätigkeit eines aus Juristen aller dieser Länder zusammengesetzten Gerichtshof entgegensetzt, einen wesentlichen Theil der Kraft absorbiren, welche dieser Gerichtshof entwickeln könnte.

Die Frage, ob in der Einigung der höchsten Rechtsprechung auf den mehrgedachten Gebieten ein politischer Gewinn enthalten sein würde, hängt so sehr ab, von dem Werth, den man subjectiv auf einheitliche Institutionen legt, daß darauf schwer eine allgemein befriedigende Antwort zu geben ist. Rein objectiv glaube ich, daß es kaum von politischer Bedeutung sein wird, ob eine mehr oder minder große Garantie dafür gegeben sei, daß irgend ein Paragraph des Code civil in der Rheinprovinz ebenso ausgelegt werde, wie in Elsaß-Lothringen und in Baden; und daß irgend eine Stelle des Corpus juris in München genau dasselbe Verständniß finde, wie in Darmstadt und in Kiel. Denn die Gemeinsamkeit dieser Rechtsgrundlagen in den verschiedenen Ländern in Verhältniß zu einander ist doch in der That nur etwas Zufälliges; wie denn auch die Landesgesetzgebungen niemals Bedenken getragen haben, in dieselben nach Belieben einzugreifen. Auch in Preußen, in dessen Gebiet, ja eine ganze Anzahl gemeinrechtlicher Länder begriffen ist, hat man bis auf den heutigen Tag diese Länder nicht unter einer Gerichtsbarkeit vereinigt. Man hat zwar, angeblich um der Rechtseinheit willen, die höchste Rechtsprechung über Schleswig-Holstein, Kurhessen und Nassau einem höchsten Gerichtshof, dem Oberappellationsgerichte zu Berlin, übertragen. Dagegen hat man der Provinz Hannover, bis auf eine kaum beachtenswerthe Beschränkung, die Selbstständigkeit ihrer Civilrechtspflege belassen; für die übrigen gemeinrechtlichen Bezirke aber — Neuvorpommern, Ehrenbreitstein, Hohenzollern, Frankfurt, — das Obertribunal als höchste Instanz beibehalten. Ich glaube kaum, daß aus dieser beibehaltenen Trennung irgend ein Nachtheil, und ebensowenig, daß aus der vorgedachten Vereinigung dreier Länder ein politischer Vortheil erwachsen ist. Man wird überall, wie ich glaube, den Werth der Entscheidungen eines höchsten Gerichtshofes nur an sich prüfen; wo man aber diesen nicht anerkennte, schwerlich einen Trost darin erblicken, daß dieser nämliche Gerichtshof auch noch anderen Ländern seine Entscheidungen zusende.

§. 5.

Anders steht die Frage nach dem Bedürfniß einer einheitlichen Rechtsprechung in dem dritten der oben bezeichneten allgemeineren Rechtsgebiete, dem des preußischen Rechts.

Daß der preußische Staat für sein innerhalb des größten Theils seines Gebietes geltendes codificirtes Recht, das Bedürfniß einer einheitlichen Rechtsprechung hat, ist nicht zu leugnen. Es hat dieses Bedürfniß auch Ausdruck gefunden in Art. 92 der Preuß. Verfassung. „Es soll in Preußen nur Ein oberster Gerichtshof bestehen." Auch ist unzweifelhaft, daß dieses Bedürfniß nicht wie in den übrigen deutschen Staaten durch ein einheitliches Gericht zweiter Instanz befriedigt werden kann. Es bleibt daher, wenn anders dieses Bedürfniß Befriedigung finden soll, nichts anders übrig, als

entweder

es müßte, neben dem höchsten Reichsgerichte als dritter Instanz für die

Fragen des Reichsrechts, für Preußen noch ein höchster Gerichtshof dritter Instanz für die Fragen des preußischen Rechts beibehalten werden;

oder

es müßte auch für das gemeinsame preußische Recht die dritte Instanz in das höchste Reichsgericht verlegt werden.

Faßt man zunächst die erste Alternative ins Auge, so sind entschiedene Mißstände derselben nicht zu verkennen. Die Schwierigkeit läge in der Competenzbestimmung zwischen beiden als dritte Instanz concurrirenden Gerichtshöfen. Natürlich sind ja die Rechtssachen, in welchen Fragen des deutschen und die, in welchen Fragen des preuß. Rechts vorkommen, nicht streng zu scheiden; beide Arten von Fragen vermischen sich in den nämlichen Rechtssachen auf die mannigfaltigste Weise. Und da entsteht denn die Frage: wie sollen die Sachen bestimmt werden, die vor das eine oder das andere Forum gehören? Wenn jetzt eine solche Competenztheilung zwischen Reichsoberhandelsgericht und den obersten Gerichtshöfen der einzelnen Staaten besteht, so ist doch dies in der That unbefriedigend genug. Die Sache wird aber noch weit schwieriger, je umfangreicher die Reichsgesetzgebung sich gestaltet; je mehr dieselbe namentlich allgemeine Gebiete (z. B. Prozeß) in ihren Bereich zieht.

Im Interesse der Ordnung der preußischen Justizverhältnisse erscheint daher die zweite der oben gedachten Alternativen dringend geboten. Müßte dann auch in dem höchsten Reichsgerichte die Rechtsprechung über das preußische Recht in einem besonderen Senate geübt werden, so würde doch die Begrenzung des Geschäftsbereichs desselben bei weitem nicht den Schwierigkeiten unterliegen, welche bei Verschiedenheit der Gerichte sich herausstellen würde. Denn die Verweisung der einzelnen Sache wäre als dann nur noch eine Zutheilungs-, nicht eine Competenzfrage.

Verlegt man aber die dritte Instanz für das preußische Recht in das höchste Reichsgericht, dann wird schon die Consequenz, ich möchte sagen die Symmetrie des ganzen Aufbaues, es erfordern, daß auch für die beiden anderen allgemeineren Rechte — gemeines und französisches Recht — eine dritte Instanz in das Reichsgericht gelegt werde. Dadurch würde zugleich die Rechtsprechung über das Reichsland Elsaß-Lothringen aus ihrer jetzigen Vereinsamung beim Reichsoberhandelsgerichte herauskommen.

Die innere Organisation des Reichsgerichts müßte dann etwa folgende sein. Es wären drei Abtheilungen — Senate — zu bilden, je für Sachen des preußischen, des gemeinen und des französischen Rechts; und endlich ein vierter Senat, wohl am besten aus Mitgliedern der drei erstgenannten Senate zusammengesetzt, für Sachen der Reichsgesetzgebung. Wo in den einzelnen

Sachen Fragen aus verschiedenen dieser Rechtsgebiete concurrirten, wäre die Zutheilung nach dem vorwiegenden Charakter der einen oder andern dieser Fragen durch das Präsidium zu bestimmen. Neben diesen Abtheilungen für die Civilsachen müßte endlich eine besondere Abtheilung für die Strafsachen bestehen. Jeder dieser Senate müßte regelmäßig in seiner Gesammtheit erkennen, wenigstens in allen Sachen, in welchen ein positiver Ausspruch über den Bestand oder Inhalt einer Rechtsnorm erfolgen soll.

Ausnahmsweise müßte für wichtige Fragen des gemeinsamen deutschen Rechts das Plenum zusammentreten, mit der Befugniß, über die betreffende Frage mit präjudicieller Wirksamkeit für die einzelnen Senate zu entscheiden. Diese ganzen Einrichtungen würden sich aber nur treffen lassen, wenn zugleich der Prozeß in einer dem entsprechenden Weise geordnet würde.

§. 6.

Der jüngste Entwurf einer deutschen Civilprozeßordnung, wie er aus der Arbeit des preußischen Justiz-Ministeriums resp. einer zu dessen Berathung berufenen Commission hervorgegangen, nimmt die Schaffung eines höchsten Reichsgerichts in Aussicht, dessen Competenz, wie ich annehmen darf, übereinstimmend mit den hier gemachten Andeutungen geordnet werden soll. Der §. 498 (479) bestimmt, daß die bei dem Reichsgericht einzulegende „Oberrevision“ auf eine Verletzung des Gesetzes nur dann gestützt werden könne, wenn entweder ein Reichsgesetz oder eine Rechtsnorm, deren Geltungsbereich sich über den Bezirk des Revisionsgerichts hinaus erstrecke, nicht oder nicht richtig angewendet sei. Nach §. 4 und 5 des Einführungsgesetzes ist zwar noch eine nähere Verzeichnung der unter dem letzteren Ausdruck begriffenen und nicht begriffenen Rechte vorbehalten. Man darf aber annehmen, daß die gedachte Competenzbestimmung in der That nur gemeines, französisches und preußisches Recht umfassen solle.

Ist hiernach gegen diese Competenz-Begrenzung ein Einwand nicht zu erheben, so geben doch andere Bestimmungen des Entwurfs zu dem Bedenken Veranlassung, daß mittelst desselben eine einheitliche Rechtsprechung durch das danach einzusetzende höchste Gericht nicht wohl werde erzielt werden. Es kommen in dieser Beziehung folgende Momente in Betracht.

1. Der Ministerial-Entwurf (§. 478) bestimmte, daß die Oberrevision nur gegen Endurtheile stattfinde, welche das Urtheil erster Instanz aufheben. Es wurde hiergegen vielseitig eingewandt, daß diese Beschränkung des Rechtsmittels mit dem Zwecke, Rechtseinheit herzustellen, völlig unverträglich sei, indem auf diese Weise bei Uebereinstimmung der ersten und zweiten Instanz ganze Länder und Provinzen sich der Rechtseinheit dauernd entziehen können. Der Commissionsentwurf (§. 497) will nun die Oberrevision auch dann stattfinden lassen, wenn die Revision in zweiter Instanz „als unzulässig

verworfen ist." Das Wort „unzulässig," bezeichnet aber eine Verwerfung aus formellen Gründen. Ausgeschlossen soll also auch nach diesem Entwurfe die Oberrevision bleiben, wenn in zweiter Instanz die Revision ungegründet befunden ist; d. h. wenn erste und zweite Instanz im Resultat des Processes materiell übereinstimmen. Danach bleibt der Hauptfall, in welchem die Gerichte der Vorinstanzen sich der Rechtseinheit entziehen können, bestehen; und schon dieser Umstand allein bricht in den Gedanken, daß der höchste Gerichtshof zur Wahrung der Rechtseinheit berufen sei, eine solche Lücke, daß damit dieser Gedanke seine Realität verliert.

2. Es ist eine bekannte Erfahrung, daß das Rechtsmittel der Cassation, welchen die „Revision" und „Oberrevision" des Entwurfs in allem Wesentlichen entspricht, seiner unbestimmten Natur nach zu einer großen Menge von Gesuchen führt, welche von vorn herein als ungeeignet sich erkennen lassen. Mit Rücksicht hierauf ist in dem französischen Processe die sehr verständige Einrichtung getroffen, daß eine besondere Abtheilung des Cassationshofes, (Section des requêtes,) die Zulässigkeit und Begründung der eingehenden Cassationsgesuche prüft und nach Umständen dieselben ohne Verhandlung zurückweist. Dadurch allein wird es möglich, die wirklich zur Verhandlung kommenden Sachen auf eine Zahl zu beschränken, innerhalb welcher sie von einer anderen einheitlich constituirten Abtheilung des Cassationshofs (Section civile) entschieden werden können. Anders der Entwurf. Er läßt jede Oberrevision ohne Weiteres zur Verhandlung gehen. Auch solche Rechtsmittel, deren Verwerflichkeit vielleicht auf den ersten Blick erkennbar ist, werden in der vollen Breite, welche der mündlichen Verhandlung eigenthümlich ist, vor dem höchsten Gerichtshof sich abspielen, und dessen Zeit in Anspruch nehmen. Auch diese Einrichtung wird dazu beitragen, daß eine einheitliche Thätigkeit desselben unmöglich wird.

3. Noch weitere Bestimmungen des Prozesses belasten den höchsten Gerichtshof in einer Weise, welche die einheitliche Thätigkeit desselben nicht leicht aufkommen lassen wird.

a. Dadurch, daß auch die zweite Instanz auf eine revisio in jure beschränkt sein soll, — ein Rechtsmittel, welches seiner Natur nach die allergrößten Zweifel rücksichtlich seiner Begrenzung darbietet, — wird voraussichtlich nach §. 481 (462) Nr. 4 des Entwurfs der höchste Gerichtshof mit einer Unmasse von Competenzbeschwerden der zweifelhaftesten Art wegen Zulassung oder Nichtzulassung der Revision belastet werden. Ich nehme keinen Anstand vorauszusagen, daß diese rein formalen, für die wahren Justizinteressen völlig werthlosen Beschwerden einen wesentlichen Bruchtheil der Zeit und Arbeitskraft des höchsten Gerichtshofes in Anspruch nehmen werden.

b. Den vielfach laut gewordenen, auch in den Verhandlungen des letzten Juristentages zur Geltung gekommenen Bedenken gegen die in der Natur des vorgedachten Rechtsmittels begründete Verkümmerung der zweiten Instanz hat der Commissionsentwurf (§. 479. §. 498 Satz 1) das Zugeständniß gegenüber gestellt, daß die Revision und Oberrevision auch dann zuzulassen sei, wenn die angefochtene Entscheidung auf der unrichtigen Auslegung einer Urkunde über ein Rechtsgeschäft beruhe. Während diese Bestimmung, welche ein vereinzeltes Moment thatsächlicher Prüfung aus den übrigen herausgreift, um es ausnahmsweise den Rechtsfragen gleichzustellen, für die zweite Instanz nicht im Entferntesten ausreicht, um das obwaltende Bedürfniß zu befriedigen, belastet sie andererseits die dritte Instanz mit einer Thätigkeit, welche mit deren eigentlicher Aufgabe die Rechtseinheit zu erhalten, nichts zu thun hat.

Tritt der höchste Gerichtshof nach den Bestimmungen des Entwurfs ins Leben, so wird es voraussichtlich unmöglich sein, denselben resp. dessen für die einzelnen Rechtsgebiete bestimmte Abtheilungen einheitlich judiciren zu lassen. Man wird genöthigt sein, auch für die nämlichen Rechtsgebiete eine Menge Senate zu bilden, deren jeder selbstständig urtheilt. Damit wird aber die Rechtseinheit hinfällig sein. Namentlich wird nach der Art und Weise, wie der Entwurf auch in der dritten Instanz die mündliche Verhandlung zur Grundlage der Entscheidung macht, eine jede für die Rechtseinheit wirkende Thätigkeit des Plenums ausgeschlossen bleiben müssen.[5])

Wird aber durch den zu schaffenden höchsten Gerichtshof das Ziel der Rechtseinheit — so weit dies überhaupt mit menschlichen Mitteln thunlich, — nicht erreicht, so verliert derselbe seinen Werth. In jeder anderen Beziehung besteht für eine solche dritte Instanz, zumal wenn sie dazu führt, zwei Rechtsmittel von der Natur der französischen Cassation auf einander zu pfropfen, kein reelles Bedürfniß.

---

[5]) Während der Entwurf das Rechtsmittel zweiter Instanz — die Revision — durch die Beschränkung auf die Rechtsfrage so ordnet, als ob es nicht im Interesse der Parteien, sondern zur Erhaltung der Rechtseinheit gegeben sein solle, ordnet er umgekehrt das Rechtsmittel dritter Instanz — die Oberrevision — in allen übrigen Beziehungen so, als ob es nicht zur Erhaltung der Rechtseinheit, sondern im Interesse der Parteien gegeben wäre. So werden beide Rechtsmittel, wie ich glaube, ihren Zweck verfehlen.

IX.

Gutachten des Herrn Hof= und Gerichts=Advokaten Dr. Carl von Feistmantel zu Wien

über die Gesetzgebungsfrage:

„Soll, auch abgesehen von Handelssachen, die Giltigkeit der Verträge von der Beobachtung der schriftlichen Form unabhängig sein?"

Die bindende Kraft eines Vertrages liegt nach deutschem Rechte in der Uebereinstimmung der auf ein Rechtsgeschäft gerichteten Erklärung des Willens der Partheien. [1])

Der Wille der Partheien ist jedoch vielfach beschränkt u. z. wie Ihering sagt durch den Rechtsbegriff und das Verbot. Das Rechtsgeschäft ist die Form, in welcher der subjektive Wille innerhalb der ihm vom Recht angewiesenen Schranken seine rechtsschöpferische Thätigkeit entfaltet. Ueber den Rechtsbegriff hinaus giebt es kein rechtliches Können, über das Verbot hinaus kein Dürfen. [2])

Abgesehen von diesen gegenständlichen Beschränkungen, ist der Wille auch durch die Form seiner Aeußerung beschränkt. Damit der Wille für das Rechtsleben Bedeutung gewinne, muß er nämlich äußerlich wahrnehmbar werden. Dies kann nur innerhalb der dem menschlichen Leben und Verkehre überhaupt gezogenen Grenzen geschehen. Daneben zieht aber das Gesetz für die Form bestimmter Rechtsgeschäfte seine Schranken, außerhalb welcher es

---

[1]) Gerber, System d. deutschen P. R. §. 159.

[2]) Ihering, Geist des röm. R. III. 1. §. 53.

den Vertragswillen nicht respectirt und ihm keine juristische Wirksamkeit zuerkennt.

Eine häufig und vielfach gebrauchte Form des modernen Rechtslebens ist die Schriftlichkeit.

Sie hat als nothwendig bindende Vertragsform beinahe in allen Codificationsarbeiten mehr oder weniger Aufnahme gefunden, und es macht dabei in der Regel keinen wesentlich practischen Unterschied, ob sie lediglich zur Klagbarkeit oder zur Giltigkeit eines Rechtsgeschäftes erforderlich gemacht wird, da ja den Partheien, mindestens einer derselben, an der absoluten Sicherheit und Erzwingbarkeit des gewollten Rechtes gelegen ist.

Der deutsche Juristentag verfolgt eminent practische Zwecke. Ein kurzer Rückblick auf die Art und Weise, wie das Erforderniß der schriftlichen Form in den für Deutschland bedeutendsten Codificationsarbeiten seit dem Ende des vorigen Jahrhunderts behandelt erscheint, wird uns am besten in das practische Gebiet hinüberführen.

Das preußische Landrecht vermuthet in allen Fällen, wo die Partheien den Vertrag schriftlich zu schließen verabredet haben, daß nicht blos der Beweis, sondern selbst die verbindliche Kraft des Vertrages von der schriftlichen Abfassung desselben abhängen solle. (I. Th. 5. Tit. §. 117.) Im Allgemeinen wird für jeden Vertrag, dessen Gegenstand sich über 50 Thaler in Silber Courant beläuft, die schriftliche Form zur Gültigkeit erfordert. Doch sind im Interesse des Verkehres viele Ausnahmen hievon statuirt; so kann insbesondere, wenn ein Vertrag über bewegliche Sachen von beiden Theilen sogleich erfüllt wird, das Geschäft aus Mangel der schriftlichen Form nicht angefochten werden. (I. Th. 5. Tit. §§. 109, 146.) Blinde und Taubstumme, dann Personen die des Schreibens und Lesens unkundig sind, müssen in Fällen, wo es der schriftlichen Form bedarf, gerichtliche Verträge schließen. (§§. 71 und 72 ebenda.) Schriftliches oder gerichtliches Geständniß des mündlich geschlossenen Vertrages hebt die Einwendung des Mangels der schriftlichen Form. (§. 185 ebenda.)

Für einige Verträge ist die gerichtliche Form vorgeschrieben. So für Schenkungen, es wäre denn eine bewegliche Sache einfach, oder ein unbewegliches Gut auf Grund schriftlichen Vertrages übergeben worden. Deßgleichen für Bürgschaften der Frauenspersonen; (Bürgschaften müssen überhaupt ohne Unterschied des Gegenstandes schriftlich errichtet, oder gerichtlich zu Protokoll gegeben werden) und Gütergemeinschaft unter Ehegatten. Für den Erbschaftskauf, dann den Auszug oder Altentheil ist die Nothwendigkeit der gerichtlichen Form durch das Gesetz vom 11. Juli 1845 beseitigt (Schering allg. Landrecht für die preußischen Staaten).

Der Code civil erwähnt unter den wesentlichen Erfordernissen zur

Giltigkeit der Verträge der Form nicht (Art. 1108). Er enthält jedoch in einem besonderen Capitel (Liv. III. Tit. III. Chap. VI.) die Normen für den Beweis der Obligationen, welche Normen bekanntlich die Schriftlichkeit und den Notariatsact begünstigen und für Forderungen aus Contracten, die den Werth von 150 Franken übersteigen, einen Zeugenbeweis in der Regel gar nicht zulassen.

Für Schenkungen, Ehepakten und vertragsmäßige Hypothek ist insbesondere der Notariatsakt vorgeschrieben. (Art. 931, 1394 und 2127.)

Das österr. bürg. Gesetzbuch fordert die schriftliche Form nur zur Giltigkeit bei Schenkungen ohne Uebergabe und bei Erwerbs-Gesellschaften über gegenwärtiges oder zukünftiges Vermögen ein Verzeichniß der eingebrachten Güter (§§ 943 und 1178). Der Erbvertrag, der nur unter Ehegatten zuläßig ist, bedarf der schriftlichen Testamentsform (§ 1249). Durch das Gesetz vom 25. Juli 1871 wurde zur Gültigkeit der Ehepakten; Kauf, Tausch, Renten, Darlehnsverträgen und Schuldbekenntnissen unter Ehegatten; der Empfangsbestätigungen über das Heimathsgut; der Schenkungsverträge ohne Uebergabe und der Rechtsgeschäfte unter Lebenden, welche von Blinden, oder Tauben, die nicht lesen können, oder Stummen, die nicht schreiben können, errichtet werden, die Aufnahme des Notariatsactes vorgeschrieben. Der Schiedsrichter-Vertrag muß schriftlich errichtet werden. (§. 270 allg. Ger.-Ord.)

Das Civil-Gesetzbuch für die Stadt und Republik Bern bindet die Giltigkeit der Schenkung, die nicht sogleich durch Uebergabe vollzogen wird, an die Errichtung einer schriftlichen Urkunde. Ein Gleiches wird für den Schiedsrichter-Vertrag, wenn der Streitgegenstand 200 Franken übersteigt, für Kaufverträge über unbewegliche Sachen, für Erwerbs-Gesellschaften, Eheverträge, Bürgschaften, welche die Summe von 100 Franken übersteigen und Faustpfandbestellung, wenn der Werth der Pfandsache 100 Franken übersteigt, vorgeschrieben. (Satzung 728, 773, 811, 873, 902, 919 und 929.) Für Grundpfandbestellung und Schuldscheine (Obligationen), denen ein Vorrecht vor den laufenden Schulden im Konkurse zukommen soll, wird Notariatsakt gefordert. (Satzung 930 und 960.)

Das privatrechtliche Gesetzbuch für den Kanton Zürich schreibt die schriftliche Form vor für die Klagbarkeit des Schenkungsversprechens, für die Giltigkeit des Gesellschaftsvertrages über das ganze Vermögen, oder die gemeinsame Betreibung eines Berufes, für Handelsgesellschaften einschließlich der Kommandit-Gesellschaft, für Kauf- und Tauschverträge über Liegenschaften, für abweichende Bestimmungen vom gewohnten Rechte bei Mieth- und Pachtverträgen, (bei letzteren ist auch ein Inventar und eine Schätzung der Geräthschaften und des Viehs zu übergeben). Für den Leibrenten-Vertrag, den Versicherungs-Vertrag und die Bürgschaft. (§§. 1091, 1238, 1261, 1331, 1385. 1482, 1484, 1518, 1521, 1691, 1705 und 1781.)

Die Vermögens-Gemeinschaft unter Geschwistern (Zusammentheilung) und der Leibgedings-Vertrag bedürfen der gerichtlichen Genehmigung (§§ 1368 und 1672.)

Die vollständige Auflösung sämmtlicher Vertragsverhältnisse bedarf der nämlichen Form, die zur Entstehung nothwendig war (§§. 1058 und 917).

Der Entwurf eines bürg. Gesetzbuches für das Königreich Bayern verlangt zur Giltigkeit die schriftliche Form bei der Schenkung, beim Pachtvertrage über einen Inbegriff von Liegenschaften oder über nutzbare Rechte, bei Gesellschafts-Verträgen über das ganze Vermögen, beim Leibrentenvertrage, bei der Bürgschaft, dem Kreditauftrage und dem Versicherungsvertrage. Für den Erbschaftskauf, das Leibgeding und die Schenkung von unbeweglichen Sachen oder von Rechten wird eine öffentliche Urkunde gefordert. (Art. 97 und 99 von den Rechtsgeschäften und Art. 339, 460, 541, 777, 795, 806 und 869 von den Schuldverhältnissen im Besonderen.)

Das bürgerliche Gesetzbuch für das Königreich Sachsen fordert für Verträge zur Uebertragung des Eigenthums an einem Grundstücke, oder einer Berechtigung, welche ein Folium im Grundbuche erhalten hat, die Errichtung einer Urkunde oder Protokollirung vor Gericht.

Bei Verabredung einer besonderen Form wird der Vertrag erst mit Vollendung dieser Form bindend.

Schenkungen, welche den Betrag von 1000 Thalern übersteigen, oder wiederkehrende Leistungen von mehr als jährlich 50 Thalern zum Gegenstande haben, sind nur giltig, wenn das Geschäft vor Gericht zu Protokoll erklärt, oder gerichtlich bestätiget worden ist.

Jedes Rechtsgeschäft ferner, durch welches sich eine Ehefrau für den Ehemann verpflichtet, ist nichtig, ausgenommen wenn sie dasselbe mit Einwilligung des Ehemannes vor Gericht nach geschehener Belehrung vornimmt. Hat die Frau jedoch in Folge einer nichtigen Verpflichtung für den Mann etwas geleistet, so kann sie dies nicht mehr zurückfordern. Schenkungen unter Ehegatten sind nichtig. (§§. 822, 823, 824, 1056, 1647 und 1650.)

Der Entwurf eines allgemeinen deutschen Gesetzes über Schuldverhältnisse endlich fordert für Verträge keine besondere Form zu ihrer Giltigkeit, ausgenommen wenn solche in diesem Gesetze oder in den hierin vorbehaltenen Fällen von den Landesgesetzen vorgeschrieben ist, oder wenn die Vertragschließenden von solcher die Giltigkeit des Vertrages abhängig gemacht haben. In Uebereinstimmung mit dieser allgemeinen Regel ist bei Schenkungen, Gesellschaftsverträgen über das gesammte Vermögen und dem Leibrenten-Vertrage ausdrücklich auf die Landesgesetze hingewiesen. Für die Nichterwerbs-Gesellschaft wird, wenn die Gesellschafter unter einem Gesellschaftsnamen auftreten wollen, die Errichtung einer gerichtlichen oder notariellen Urkunde vorgeschrieben. (Art. 76, 502, 503, 522, 775, 812 und 872.)

So verschieden der Umfang ist, in welchem diese gesetzgeberischen Arbeiten von dem Erfordernisse der Schriftlichkeit Gebrauch machen, ebenso verschieden dürften vielleicht auch die dafür maßgebenden Gründe gewesen sein.

Im preußischen Landrechte scheinen zunächst processuale Motive zu überwiegen.

Eine Art von imperatorischer Vorsehung hielt es für die Pflicht des Gesetzgebers, die Staatsbürger vor Uebervortheilung zu schützen, sie zu zwingen, sich rechtzeitig des Beweismittels zu versichern und dadurch langwierigen und complicirten Prozessen zu begegnen. Daher die vielfachen, den Verkehr erschwerenden Cautelen im Verträgsrechte.[3])

Deutlicher noch zeigt sich dieselbe Tendenz im Code civil, wo eben die Lehre vom Beweise ihre Stelle im materiellen Rechte gefunden hat.[4])

Im österr. bürg. Ges.-Buche dagegen treten die Anschauungen der sogenannten naturrechtlichen Schule am unverhülltesten zu Tage.

Eine größere Freiheit in der allgemeinen Form des Vertragsabschlusses gestattet kein anderes deutsches Gesetzbuch.[5]) Dessen ungeachtet wurde das Erforderniß der schriftlichen Form nicht gänzlich beseitigt. Nach Zeillers Kommentar, dem die Bedeutung eines Motivenberichtes vindicirt werden muß, soll der deutsche Ausspruch: „Ein Mann, ein Wort" im Rechtsleben Geltung haben. Bei der Schenkung erscheint ihm die schriftliche Form zur Constatirung des ernstlichen und vollen animus donandi nothwendig, wenn nicht die Uebergabe des Objectes gleichzeitig erfolgt. Es könnten sonst aus einem übereilten, zumal von jungen Leuten leicht zu erlangenden Versprechen

---

[3]) S. Holtzendorff, Encyclopädie I. p. 235.

[4]) Liv. III. Tit. III. Chap VI.

[5]) Der §. 863 lautet: „Man kann seinen Willen nicht nur ausdrücklich durch Worte und allgemein angenommene Zeichen, sondern auch stillschweigend durch solche Handlungen erklären, welche mit Ueberlegung aller Umstände keinen vernünftigen Grund, daran zu zweifeln, übrig lassen." Dazu heißt es aber weiter im §. 869: „Die Einwilligung in einen Vertrag muß frei, ernstlich, bestimmt und verständlich erklärt werden."

drückende und unbillige Forderungen abgeleitet werden.[6]) Die Form des Erbvertrages findet ihre Begründung in der zweifachen Natur des Rechtsgeschäftes.

Durch das Gesetz vom 25. Juli 1871 wird die Freiheit in der Wahl der Vertragsformen nicht unbedeutend eingeschränkt. Die Gesetzgebung hat jedoch für die Beschränkungen durchgehends den Notariatsact gewählt. Die darin liegenden Argumente gegen die Schriftlichkeit sollen später hervorgehoben werden.

Die Gesetzbücher für den Kanton Zürich und für Sachsen, so wie der bayrische Entwurf und der des allg. deutschen Obligationenrechtes sind Arbeiten, die mit der heutigen Wissenschaft in größerem Einklange stehen. Es gilt dies vorzüglich und unbestritten von den beiden letzgenannten Entwürfen.

Keine dieser legislatorischen Arbeiten hat die Schriftlichkeit ganz beseitigt. Das Gesetzbuch für Zürich und der bayrische Entwurf verlangen noch in ziemlich vielen Fällen die Schriftlichkeit und für einige, besonderer Cautelen bedürftige Rechtsgeschäfte, die Einrichtung einer gerichtlichen Urkunde. Das sächsische Gesetzbuch und der Entwurf des deutschen Obligationenrechtes — u. z. dieser in so weit er nicht auf die Landesgesetze verweist — machen von dem Erfordernisse der einfachen Schriftlichkeit keinen Gebrauch und verlangen da, wo für ein Rechtsgeschäft besondere Garantien nothwendig scheinen, die gerichtliche oder notarielle Beurkundung.

Auch das deutsche Handels-Gesetzbuch statuirt im Art 208 die Aufnahme einer gerichtlichen, oder notariellen Urkunde. Es zeigt sich also, daß die moderne deutsche Legislation der bloßen Schriftlichkeit allein nicht mehr jene Wirkungen zuerkennt, die man früher damit erreichen zu können glaubte.

Worin sollen nun überhaupt die Vortheile der Schriftlichkeit bestehen?

Sie lassen sich der Hauptsache nach in zwei Gesichtspunkte zusammenfassen: Gewähr des Ernstes des Vertragswillens und Sicherung des Beweises für den ganzen Inhalt des Rechtsgeschäftes.

In ersterer Beziehung wird hauptsächlich Folgendes angeführt.

Ein gewisser Formalismus ist im Rechtsleben überhaupt von Vortheil. Der moderne Verkehr kennt keine andere Form, welche die Schriftlichkeit ersetzen würde. Was im römischen Rechtsleben die Stipulation, das ist heutzutage die Schrift. Wenn Ihering[7]) das kleine Wörtchen „spondesne" den Wecker des juristischen Bewußtseins nennt, so mag auch erwogen werden,

---

[6]) S. Zeiller, Kommentar bei den §§. 869, 883 und 943 des Gesetzes.

[7]) Geist des röm. Rechtes II. 2. § 45.

daß bei uns im Geschäftsverkehre oft mit der Frage „Wollen sie mir das schriftlich geben"? an den Ernst der Unterhandlung gemahnt wird. Die zur Schriftlichkeit nothwendigen Vorbereitungen gestatten ruhige und reifliche Ueberlegung. Ebenso liegt es im Wesen der Schrift, daß die Contrahenten sich einer deutlicheren, präciseren Sprache befleißen und es kommt dadurch deren wahrer Wille zum klaren Ausdrucke. Ist es doch häufig der Fall, daß nur in Folge der Differenzen, die sich bei Entwerfung der Urkunde ergeben, der eine Theil ganz vom Vertrage zurücktritt. Es wird endlich da, wo die Partheien des Schreibens nicht vollkommen mächtig sind, die Intervention dritter Personen begünstigt und auch dadurch jene Deutlichkeit des Ausdruckes herbeigeführt, über die man sich bei mündlicher Verabredung nur zu oft und zu leicht hinwegsetzt.

Was den zweiten Punkt anbelangt, so liegt in der Schriftlichkeit zunächst der Vortheil, daß nicht nur das Rechtsgeschäft selbst, sondern auch Name und Stand der Partheien, so wie der Zeitpunkt des Vertragsabschlusses genau festgestellt werden. Es wird bei complicirteren Verträgen das unzuverlässige Gedächtniß der Compaciscenten durch die Urkunde ersetzt.

Die Schriftlichkeit bietet also ein sicheres Beweismittel und gestattet überdies in allen Fällen, wo es wünschenswerth erscheint, die Geheimhaltung des Vertrages, während die Zuziehung von Zeugen dazu nicht geeignet ist. Der Zeuge ist aber auch in seinem Erinnerungsvermögen noch unzuverlässiger, als der Contrahent selbst, weil er nicht das gleiche Interesse an der Sache hat. Er kann überdies zur Zeit, wo man seiner Aussage bedarf, längst gestorben oder verschollen sein.

Was man schwarz auf weiß besitzt, kann man getrost nach Hause tragen. Die Schrift sichert den Beweis über den Tod des Gläubigers hinaus, dessen Erben oft nur aus ihr die Existenz der Forderung erfahren und ohne dieselbe der Unredlichkeit des Schuldners preisgegeben sind.

Von vorzüglicher Wichtigkeit ist aber die schriftliche Form in jenen Fällen, wo die Interessen dritter Personen in Frage kommen, wie z. B. bei der Schenkung in Bezug auf deren Anfechtung,[8]) bei Eheverträgen in Bezug auf die Rechte der Gläubiger des Gatten u. s. w.

Hier ist es von wesentlich praktischer Bedeutung, Inhalt, Umfang und Zeitpunkt des zu Stande gekommenen Rechtsgeschäftes genau zu fixiren. Hier

---

[8]) Wenn auch die Schenkung von der Wissenschaft heute lange nicht mehr bei den Verträgen zu behandeln ist, (Unger, System II. §. 95) so muß doch in diesem Gutachten gerade auf dieselbe Rücksicht genommen werden, weil beinahe alle Gesetze dafür eine Ausnahmsform vorgeschrieben haben und weil das Wort „Verträge" in der gestellten Gesetzgebungsfrage immerhin extensiver gemeint sein dürfte.

tritt aber auch, da es sich um die Interessen Dritter handelt und da im Rechtsleben die Freiheit des Einzelnen zu Gunsten der Gesammtheit beschränkt werden soll, an den Gesetzgeber die ethische Pflicht heran, durch Dekretirung einer bestimmten Form die allgemeine Rechtssicherheit zu schützen. Die Schriftlichkeit gewährleistet diesen Schutz ohne andererseits die Freiheit des Verkehres zu sehr zu beeinträchtigen.

In processualer Beziehung endlich, wird durch die Schriftlichkeit der Verträge einer Summe von Einwendungen von vorneherein begegnet. Es werden durch dieselbe nicht nur die Prozesse vermindert, sondern auch die anhängig gemachten vereinfacht.

Aus allen diesen Gründen soll das Gesetz für wichtigere Rechtsgeschäfte die schriftliche Form zu deren Giltigkeit vorschreiben.

Gegen die hier für die Schriftlichkeit vorgebrachten Argumente muß Folgendes eingewendet werden.

Das Wesen eines Rechtsgeschäftes liegt in dem Willen der Partheien. Dieser ist das Hauptmoment; die dabei gewählte Form der Aeußerung nur sekundär. Ist die Parthei im wesentlichen Punkte d. h. also in der Wahl des Inhaltes des Rechtsgeschäftes frei, so soll sie in der Form nicht bevormundet werden.

Wer für hinreichend reif gehalten wird, um über sein Vermögen zu disponiren, dem überlasse man es getrost, im einzelnen Falle die zweckmäßigste Form des Vertragsabschlusses zu wählen.

Wo die Schrift wirkliche Vortheile gewährt, und dem Bedürfnisse der Partheien entspricht, wird man sich ihrer aus freiem Antriebe bedienen. Dagegen sind die zu Gunsten der Schriftlichkeit angeführten Argumente durchaus nicht derart, daß ein gesetzlicher Zwang gerechtfertiget wäre.

Die Schriftlichkeit gewährleistet den Ernst des Willens nicht hinreichend, und auch der durch dieselbe gesicherte Beweis, hat nicht jenen Werth, den ihm die Vertheidiger der schriftlichen Form zuschreiben.

Wenn Savigny [9]) in der Form das untrügliche Kennzeichen des reifen Entschlusses sieht, so liegt doch gerade in der Schrift die Eigenthümlichkeit, daß sie nur den Willen zu einem Vertragsabschlusse überhaupt, nicht aber jenen für den Inhalt einer bestimmten Urkunde unzweifelhaft manifestirt.

Wie oft begnügt man sich damit, eine Urkunde auf Treue und Glauben zu unterfertigen? Personen, denen die Kunst des Schreibens nicht geläufig

[9]) S. System III S. 238.

ist, überlassen die schriftliche Aufzeichnung des Vertrages entweder dem anderen Compaciscenten, oder sie wenden sich an einen Dritten. Hiedurch entstehen nur zu leicht absichtliche oder zufällige Undeutlichkeiten und Mißverständnisse. Die Winkelschreiber gedeihen durch die Schreiberei. Nicht selten werden Formularien aus irgend einem vom Buchhändler angepriesenen Hausadvokaten gewählt, die auf den individuellen Fall gar nicht passen, oder an sich von zweifelhaftem Werthe sind.

Wie bei jeder Form, so liegt also auch bei der Schriftlichkeit die Gefahr eines Formfehlers nahe. Je mehr Formen verlangt werden, desto schwerer wird die Kenntniß und Ausübung derselben, und desto drückender die Unbekanntschaft mit dem Gesetze.

Solcherart kommen Urkunden zu Stande, die Alles enthalten, nur nicht den wahren Willen der Partheien.

Damit entfällt aber auch der Werth der Beweiskraft derselben, denn im Prozesse wird in allen jenen Fällen, wo die Urkunde nicht den wirklichen Willen der Parthei enthält, der Beweis der Wahrheit nur erschwert.

Wenn also durch die Schriftlichkeit wirklich eine Verminderung oder Vereinfachung der Prozesse erfolgt, so geschieht dies auf Kosten des Rechtes.

Die Schriftlichkeit schützt nicht nur nicht gegen Irrthum, sie ist auch ein mindestens ebenso gefügiges Werkzeug der Lüge, als die Zunge. Deshalb gewährt sie dort, wo die Interessen dritter Personen geschützt werden sollen, wo ethische Momente in Betrachtung kommen, nicht die beabsichtigten Cautelen. Eine Privat-Urkunde kann leicht über ein Geschäft, das gar nicht zu Stande gekommen ist, das nie beabsichtiget war, errichtet werden; sie gestattet die Rückdatirung u. s. w. Eben deßhalb ist sie in allen jenen Fällen, wo es sich um vollgiltige Beweise gegenüber dritten Personen handelt, bedenklich. Der Nachweis des Betruges aber ist, wenn die angeblichen Compaciscenten im Einverständnisse handeln, meistens unmöglich.

In Berücksichtigung dieser Umstände legen die neueren Gesetze der bloßen Schriftlichkeit als Beweismittel keinen Werth bei.

Dafür spricht insbesondere das sächsische Gesetzbuch und das österr. Gesetz vom 25. Juli 1871.

Ein im Culturleben des Volkes wurzelnder, sich frei bethätigender Formalismus ist ohne Zweifel für das Recht sehr nützlich und schätzenswerth; die auf bureaukratischem Boden großgezogene Pflanze der Schriftlichkeit ist es nicht. Das moderne Leben ringt in allen seinen Richtungen nach Freiheit.

Dem Volke im großen Ganzen fällt der Zwang der Schriftlichkeit vielleicht noch mehr zur Last, als dem Kaufmanne, bei dem wenigstens die Geläufigkeit des schriftlichen Ausdruckes in der Regel sicherer vorausgesetzt werden kann, als beim Handwerker, Landmann u. s. w.

Die gewünschte und nothwendige Beweglichkeit des Verkehres ist aber für die Verträge des täglichen Lebens überall die gleiche. Was daher in den Motiven zum Handelsgesetzbuche gesagt wurde, gilt zumeist auch für das gemeine Civilrecht.[10]) Der deutsche Juristentag hat in Uebereinstimmung mit dieser Ansicht schon im vorigen Jahre bei Berathung der Ihering'schen Thesen über den Anerkennungsvertrag das Erforderniß der Schriftlichkeit fallen gelassen.[11])

In Erwägung aller dieser Momente glaube ich die gestellte Gesetzgebungsfrage im Allgemeinen bejahen zu müssen.

Wo jedoch Ausnahmen aus Gründen der öffentlichen Rechtssicherheit statuirt werden, (und solche sollen allerdings, insbesondere bei Schenkungen erheblicher Art und bei Eheverträgen gemacht werden) da muß meiner Ansicht nach die Errichtung einer gerichtlichen oder notariellen Urkunde vorgeschrieben werden. Derlei Rechtsgeschäfte schließt jeder Einzelne an und für sich selten und ohne dabei besonders beeilt zu sein. Es liegt also auch hier in der Form keine Bedrückung.

Die Erfordernisse der zur grundbücherlichen Eintragung bestimmten Urkunden gehören nicht zum Gegenstande dieses Gutachtens. Ich würde übrigens aus den vorhin entwickelten Gründen unbedenklich für den Notariatsact oder doch für das Erforderniß der Legalisirung der Unterschriften stimmen, obschon darüber in Oesterreich seit Einführung des allgemeinen Grundbuchsgesetzes vom 25. Juli 1871 unter Juristen und Laien vielfach gestritten wird.

---

[10]) S. Motive zum preuß. Entwurfe Art. 236 und Kommentar zum deutsch. Handelsgesetzbuche von Anschütz und Völderndorff, Art. 317 Anmerkung 4.

[11]) S. Verhandlungen des IX. d. J. T. III. p. 107.

X.

Gutachten des Herrn Professor Dr. Emanuel Ullmann zu Innsbruck

über die Gesetzgebungsfrage:

„Soll in den Strafgerichten höchster Ordnung an die Stelle des Gerichtshofes und der Jury ein einheitliches Kollegium von Juristen und Laien treten? und in welchem Zahlenverhältnisse sollen beide Elemente vertreten sein?"

Es ist im Hinblicke auf die bevorstehende Reform und einheitliche Gestaltung des deutschen Strafprozeßrechtes die Frage nach der Form der Zuziehung des Laienelementes in der Strafrechtspflege einer prinzipiellen Erörterung unterzogen worden, wobei sich die erfreuliche Thatsache feststellen läßt, daß die Benutzung des Laienelementes in der Rechtsprechung ziemlich allgemein als durchgreifender Grundsatz des heutigen Prozeßrecht hingestellt wird. Die Meinungen gehen jedoch vor Allem bezüglich der Frage auseinander, ob die Laien auch bei den schwersten bisher den Geschwornengerichten zugewiesenen Straffällen auch in Hinkunft in der Form der Jury, oder des neuestens empfohlenen Institutes der Schöffen an der Rechtsprechung theilnehmen sollen? Es will durch diesen letzteren Vorschlag die Frage der zweifellos nothwendig gewordenen Reform des Geschwornengerichtes in der Art des gordischen Knotens gelöst werden. Es soll ein Institut, welches rationell gehandhabt ein organisches Glied, ja das wahre Lebenselement unseres Strafverfahrens zu bilden geeignet ist und in der Rechtsüberzeugung der cultivirten Staaten gerade in dieser seiner Gestalt als Gewähr einer volksthümlichen Rechtspflege erkannt wird, durch ein anderes ersetzt werden, dessen Werth aus prinzipiellen Gründen und aus Mangel einer hinreichenden Erprobung im praktischen Rechtsleben heute noch mindestens als problematisch erscheint.

Die heute zur Begutachtung vorgelegte Frage war im Prinzipe schon dem neunten deutschen Juristentage vorgelegen und dürften die grundsätzlichen Erörterungen, die aus diesem Anlaße in der Form von Gutachten und im Laufe der Debatte dem Juristentage zur Kenntniß gebracht wurden, zum größten Theile auch bei der gegenwärtigen Phase unserer Frage Geltung und Anwendung finden. Läßt sich nämlich durch Wissenschaft und praktische Erfahrung der Nachweis liefern, daß für die Rechtsprüfung in Strafsachen überhaupt das projektirte Institut der Schöffen eine größere Gewähr gerechter Strafurtheile bietet, als die Jury, dann müßte ohne Unterschied, ob es sich im einzelnen Falle um ein schweres oder minder schweres Delikt handelt, das als zweckmäßiger erkannte neue Prinzip in die Rechtsprechung ganz allgemein aufgenommen werden. Treffend bemerkt in dieser Richtung Merkel in seinem Gutachten (Verhandlungen des neunten deutschen Juristentages II. Band, Nachträge S. 36): „Nach Allem ist der in der Schwere der Verbrechen gegebene Maßstab für die Abgrenzung des Wirkungskreises der Laienrichter mit bloßer Willkür identisch."

Heute, wo es sich nicht darum handelt, das in einigen Ländern für Delikte geringster Strafbarkeit wirksame Schöffengericht auch auf Delikte mittlerer Strafbarkeit auszudehnen, sondern um die Ersetzung der Jury in den Fällen, in welchen sie bisher wirksam war, durch jenes Institut, handelt es sich eigentlich um Sein oder Nichtsein der Jury selbst — ein Streit, der wie es scheint, nur dann zu Gunsten des Schöffengerichts ausgehen kann, wenn nachgewiesen wird, daß einmal die offenbaren Mängel des deutsch-französischen Geschworenengerichtes innerhalb desselben nicht gehoben werden können und dann, daß die charakteristischen Momente im neuen Schöffengerichte sich als positive Vorzüge desselben gegenüber der Jury herausstellen. Eine geschichtliche Vergangenheit besitzen die neuen Schöffen nicht, und „sie sind in der That vollkommen neue Emporkömmlinge und haben nur so weit als ihr eigenes Verdienst reicht, Anspruch auf Beachtung und Anerkennung zu erheben." Sie bieten keinen Anknüpfungspunkt an die urtheilenden Schöffen des älteren deutschen Reichs, und sind eben so wenig zu vergleichen mit den „auf der Basis des kanonischen Rechtes beruhenden, die Akte des Untersuchungsrichters konformirenden Schöffen." (John, über Geschwornengerichte und

Schöffengerichte.) Die Erfahrungen, die man über die Wirksamkeit der Schöffengerichte bisher gemacht hat, sind einerseits zu geringfügig, um ein endgiltiges auf Thatsachen sich stützendes Urtheil zu erlauben, anderseits lauten aber die zu Gunsten der Schöffen ausgesprochenen Ansichten fast durchwegs negativ. Es konnte auch nicht anders kommen, wenn man bedenkt, daß das Institut weder im Ganzen noch in seinen Details einen Anhaltspunkt für die Behauptung bietet, daß sich an demselben positive Vorzüge vorfinden, die gegenüber dem, was an der Jury gerühmt wird, uns zur unbedingten Anerkennung nöthigen. Am wenigsten scheint es aber im Hinblick auf den heute noch sehr mangelhaften Stand der Erfahrungen über die Wirksamkeit der Schöffengerichte zulässig zu sein, um dieser jugendlichen Institution willen ein altbewährtes und heute thatsächlich schon in das Rechtsbewußtsein und die politische Ueberzeugung des Volkes eingedrungenes Institut, wie es die Jury unzweifelhaft ist, diskreditiren zu wollen. Abgesehen von allen sachlichen Beweisgründen, die uns für die Jury und gegen das Schöffengericht zu Gebote stehen, muß es doch auffällig erscheinen, daß man mit einer gewissen Hast das neue Institut in die Justizpflege gleichsam einschmuggeln will, unbekümmert um die laut gewordenen Bedenken. Die Behauptung, daß die auch von Freunden der Jury anerkannten Gebrechen derselben nicht zu beheben seien, ist ein leerer Vorwand, um einen logischen Untersatz für den Trugschluß zu gewinnen: da die Jury irreparabel ist, muß sie abgeschafft werden, und an ihre Stelle das jüngste Kind der Juristenlaune — das Schöffengericht — treten. Mit derselben Leichtigkeit pflegen sich die Vertheidiger der Schöffengerichte über den Hinweis auf die englische Jury hinauszusetzen, und erklären, mit derselben sei „platterdings nichts anzufangen." — Bewährte Vertreter des Jurygedankens sind anderer Ansicht, und wenn es ihnen auch nicht beifällt, die englische Jury, wie sie eben ist, am Kontinente zu empfehlen, so verschließen sie sich doch nicht der Möglichkeit, aus einem genauen Studium des Urbildes die Mittel zur Abhilfe für die Fehler des Abbildes zu erkennen. Freilich gehört dazu ein vollständiges Abstrahiren von der Verunstaltung, die das Institut in seiner französischen Form erlitten hat. Man muß sich von dem der französisch-deutschen Jury imprägnirten, dem englischen Vorbilde fremden Gedanken der abstrakten Trennung von That- und Rechtsfrage befreien und davon ausgehen, daß die ganze Schuldfrage Sache der englischen Geschworenen ist. Die Praxis des englischen Geschworenengerichtes bezeugt deutlich, daß die zur Beantwortung der Schuldfrage nothwendige Rechtsbelehrung gelingt. Es drängt sich da die Frage auf, ob die Jury am Continente nicht von da aus reformirt werden könne, indem einerseits den Geschworenen jene Position in der Rechtsprechung eingeräumt wird, die ihnen gebührt, nämlich Richter der Schuld und nicht bloße Organe des Beweises von nackten Thatsachen zu sein, andererseits aber den rechtsgelehrten Richtern eine rationelle Rechtsbelehrung der Geschworenen zur Pflicht gemacht wird. In diesen beiden Richtungen muß die Reform aber auch deshalb in Angriff genommen werden, (Wahlberg, die Verbindung des juristischen und laienhaften Elementes in dem Strafgerichte. Oesterr. Gerichtszeitung, Jahrg. 1872, Nr. 1.) wenn man dem unsere heutige Strafrechtspflege beherrschenden Grundsatze der Individualisirung gerecht werden will. Daß durch die naturgemäß von Seite der Geschworenen mehr auf die Individualität des Falles gerichtete Aufmerksamkeit nicht in ein Absehen von dem anzuwendenden Gesetze, das durch die bewiesene That dargelegt wurde, ausarte, dafür bürgt die Wachsamkeit des die Rechtsbelehrung ertheilenden Richters. Die Aufgabe des Richters ist es, den gesetzlichen Thatbestand des in Frage stehenden Deliktes der Erkenntniß der Geschworenen nahe zu legen, wobei er natürlich stets von dem das Gesetz erfüllenden Gedanken ausgehen wird. Er hat aus dem gesetzlichen Begriffe des Deliktes den Typus desselben loszuschälen, während es Aufgabe der Geschworenen sein wird, zu prüfen, ob die als bewiesen erkannten Thatsachen in ihrer Totalität jenem gesetzlichen Typus des fraglichen Deliktes gegenüber sich als konkrete Erscheinungsform desselben erklären lassen.

Das formelle Bindeglied zwischen der Rechtsbelehrung von Seite des Richters und der im Verdikte zum endgiltigen Ausdrucke gelangenden Anschauung der Geschworenen über die Existenz der Schuld oder deren Nichtvorhandensein, ist die Fragestellung.

Es ist nicht zu läugnen, daß neben der sachlich nicht zu rechtfertigenden Scheidung der bloßen Thatumstände und der eigentlichen Schuldfrage, die anläßlich der Fragestellung sich ergebenden Schwierigkeiten die Quelle der unheilvollsten Uebelstände ist, aus deren Vorhandensein gewöhnlich gegen die Rationabilität des Institutes der Jury selbst argumentirt zu werden pflegt. Hierin liegt jedoch der schwerwiegende Fehler der Gegner des Institutes, da sie aus der Verrückung der rationellen Basis der Jury und aus der auf mehrfache Gründe zurück zu führenden fehlerhaften Fragestellung, die doch eine bloße Thatsache ist, auf das Irrationelle und die Unbrauchbarkeit der Jury selbst schließen. Man sollte erwarten, daß namentlich Juristen von Ruf die dialektische Fähigkeit nicht abgeht, zwischen der gesetzlichen Gestaltung der Jury, dann ihrer Praxis einerseits, und dem Prinzip der Jury andererseits zu unterscheiden. Allein ohne zu unterscheiden, wird gewöhnlich auf einige bedauerliche Erfahrungen hin das Institut selbst unter die unbrauchbaren Erfindungen verwiesen, und die juristische Welt mit einer Erfindung in des Wortes strengster Bedeutung überrascht, ja mit einer Erfindung, von der kühn behauptet wird, durch sie werde ein wahrhaft volksthümliches, ächt germanisches Institut ins Leben gerufen. Dabei bedenkt man nicht, daß heute nur jene Institution unseres öffentlichen Rechtslebens als volksthümlich gelten kann, die mit den Errungenschaften unseres ganzen öffentlichen Lebens thatsächlich in Einklang steht und mit der Reform desselben selbst entstanden ist. Und dies ist eben die Jury, deren politische Seite nicht bezweifelt werden kann, und die eben darin beruht, daß es im Rechtsstaate ein politisches Interesse ist, solche Rechtsanstalten zu besitzen, die eine erhöhte Garantie gerechter Rechtsprechung bieten. Dadurch hört die Jury jedoch niemals auf, in ihrem innersten Wesen ein Rechtsinstitut zu sein.

Wie soll nun die Fragestellung eingerichtet sein, damit die von den Geschworenen unter der Voraussetzung einer rationellen und erschöpfenden Rechtsbelehrung im Wahrspruche gegebene Antwort den Anforderungen der Gerechtigkeit entspreche und insbesondere die Möglichkeit eines Irrthums auf Seite der Geschworenen ausschließe?

Die Fragestellung ist ein Akt der richterlichen Thätigkeit, der von der Rechtsbelehrung nicht losgelöst gedacht werden kann. Die Rechtsbelehrung hat den Zweck, den Geschworenen jene Merkmale des gesetzlichen Thatbestandes des in Frage stehenden Deliktes vorzuführen und begrifflich festzustellen, welche das Delikt als Gattung konstituiren. Sache der Geschworenen ist es sodann, die in Folge der Beweisaufnahme als erwiesen erscheinenden Thatsachen des konkreten Falles mit dem gesetzlichen Thatbestande des Delictes in eine derartige Verbindung zu bringen, daß sich ihnen die Ueberzeugung aufdrängt, die dem Angeklagten zur Last gelegte Handlung sei eine Erscheinungsform (Art) der im Gesetze allgemein mit Strafe bedrohten Handlung.

Daraus ergiebt sich für die Fragestellung, daß alle, die Handlung nach dem Gesetze konstituirenden Elemente, sodann aber auch die konkrete Handlung bestimmenden Momente in die Fragestellung aufgenommen werden, denn nur unter diesen Voraussetzungen ist es denkbar, daß die von den Geschworenen vorzunehmende Subsumtion der That unter das Gesetz unter Berücksichtigung aller die Individualität der Handlung in objectiver und subjectiver Beziehung bestimmenden Umstände der Gefahr erheblicher Irrthümer entrückt wird. Diese Gefahr, in deren Beseitigung Merkel (Gutachten a. a. O.) eine der wichtigsten Aufgaben der Juryreform erblickt, kann zweifellos beseitigt, oder doch mindestens vermindert werden.

Die Anhänger des Schöffengerichtes behaupten, dies sei innerhalb der Jury nicht möglich, denn die getheilte Arbeit, durch welche das Urtheil zu Stande kommt, die Unmöglichkeit auf Seite der Geschworenen, ihre Bedenken gegen die Fragestellung im Wege einer Besprechung über die Formulirung der Fragen zum Ausdrucke zu bringen, seien eben so viele Quellen des Irrthums für die Geschworenen. Eine Aufhebung dieser Gefahren liege nur in der gemeinschaftlichen Berathung der Rechtsgelehrten und Laienrichter.

Allein die im Geschworenengerichte durchgeführte Theilung der Arbeit ist bei richtiger Würdigung des Werthes der Beiziehung von Laien das Postulat der Laiengerichte überhaupt und kommt im Geschworenengerichte nur zum konkreten Ausdrucke. Mit Recht könnte man fragen, wozu der schwerfällige Apparat der Beiziehung von Laien in der Rechtsprechung diene, wenn die Form, in welcher der von ihnen erwartete Ausspruch über die Schuld nicht der Sache und Form nach das Merkmal der Selbstständigkeit an sich hätte. Die Geschworenen haben, durch den Richter über die im einzelnen Falle erforderlichen Rechtsbegriffe belehrt, ihr Urtheil über die Existenz oder Nichtexistenz der Schuld abzugeben. Liegt nun dem rechtsgelehrten Richterkollegium daran, aus der Ueberzeugung der Geschworenen von der Schuld oder Nichtschuld des Angeklagten den zur Verurtheilung oder Lossprechung erforderlichen Beweis erbracht zu sehen, so versteht es sich wohl von selbst, daß das in der Form des Verdiktes abgegebene Urtheil nur dann und überhaupt einen Werth und eine prozessuale Bedeutung im Sinne des Prinzips und der Organisation des Geschworenengerichts hat, wenn es frei und selbstständig in dem Erkenntnißvermögen der Geschworenen entstanden ist. Die Geschworenen haben, — und hierauf weiset uns die Geschichte des Geschworenengerichtes in England auf das Deutlichste hin — überall da, wo der Beweis der Schuld oder Nichtschuld zweifelhaft ist, dem rechtsgelehrten Richterkollegium in der Feststellung der sachlichen Grundlage des Urtheils behilflich zu sein; sie erscheinen gleichsam als Sachverständige der Schuldfrage. Wie der Richter sonst, wo er auf den Ausspruch von Sachverständigen sein Urtheil gründet, an das selbstständig und nur formell vom Richter geleitete Guachten derselben definitiv gebunden ist, so ist der Gerichtshof im Geschworenengerichte an das selbstständige Gutachten der Geschworenen über die gesammte Schuldfrage gebunden. Alle nachfolgenden Akte, — die Beantwortung der Rechtsfrage im engeren Sinne, die Ausmessung der Strafe nach Art und Höhe und die Publikation des Urtheils — sind um so mehr Sache des mit der Ausübung der richterlichen Gewalt im Staate betrauten Richters, als in erster Richtung nach allgemeiner Ueberzeugung den Geschworenen als solchen die nöthige Befähigung abgeht, in zweiter Richtung ihnen aber die formelle Autorität fehlt.

Wie steht es nun, abgesehen von diesen gegen die Kumulirung der Arbeit der Rechtsgelehrten und Laienrichter aus dem Wesen der Laiengerichte abgeleiteten Gründen, mit der im Schöffengerichte angestrebten Einheit, der richterlichen Ueberzeugung? Darüber ob das Urtheil von Schöffen selbstständig und ohne Rücksicht auf den Einfluß der rechtsgelehrten Richter entstanden sei, könnte in erster Linie die Erfahrung einen Aufschluß geben. Allein welcher Schöffe dürfte sich finden, der das Geständniß abgäbe, daß die von ihm ausgesprochene Ansicht eigentlich nicht in seiner selbstständig gewonnenen Ueberzeugung wurzele, und in wie vielen anderen Fällen glaubt der Schöffe, daß er selbstständig denkt, während ihn, ohne daß er sich dessen bewußt wurde, die rechtsgelehrte Hand des Richters jene Wege führt, die in dessen Intention und fest gebildeter Gedankenreihe vorgezeichnet sind. Und dies wird dem Richter gleichfalls, ohne daß seine Absicht darauf gerichtet sein müßte, in den meisten Fällen schon aus dem Grunde gelingen, weil sich sein Einfluß in der geheimen Berathung der Sache und dem freien Zwiegespräche mit den einzelnen Schöffen von selbst geltend machen wird, während in der Jury der die Rechtsbelehrung ertheilende Richter der Gesammtheit der Geschworenen gegenübersteht, welche sodann ohne persönliche Einwirkung des Richters in der Sache ihren selbstständigen Wahrspruch schaffen. Gerade darin liegt der Werth der Beiziehung von Laien, daß eine Reihe von Umständen und Verhältnissen, welche die Handlung begleiten und auf die Beurtheilung der Schuld sachlich einen bedeutsamen Einfluß haben, unfehlbar nur von demjenigen wahrgenommen und in ihrer Bedeutung gewürdigt werden können, der selbst unter dem persönlichen Einflusse jener Verhältnisse steht und dasjenige alltäglich miterlebt, was im Laufe des bürgerlichen Lebens ein selbstständiger Faktor geworden ist, dessen Würdigung aber dem Richter wenn auch nicht unmöglich ist, doch gewiß nicht mit jener Natürlichkeit und Unmittelbarkeit sich aufdrängen wird, wie dem Geschworenen. Der rechtsgelehrte Richter ist gewohnt die Dinge vor Allem mit dem Auge des dialektisch gebildeten Verstandes zu betrachten; er sucht aus der Beobachtung des Konkreten das Allgemeine darzustellen; das Allgemeine ist für ihn das Regelmäßige, das Bestimmende. Es ist ein physisch ganz natürlicher und selbstverständlicher Vorgang, wenn in der Verstandesarbeit des rechtsgelehrten Richters über dem Streben, der allgemeinen Regel gerecht zu werden, der frische Blick für das Einzelne und Besondere sich trübt. Und doch soll nach Grundsätzen einer rationellen Rechtspflege über dem unverbrüchlichen Festhalten und Erfüllen der Regel niemals das Individuelle des Falles übersehen werden. Wer könnte dies von allem für das ganze Gebiet der Imputation läugnen? Diesen Blick für das Besondere, das Individuelle bewahrt sich nur der, welcher im Flusse der Ereignisse des alltäglichen Lebens unter der Fülle der Eindrücke desselben stehend, die Dinge so anzusehen pflegt, wie sie eben sind.

Daß die bei dem Schöffengerichte vermuthete Einheit der richterlichen Ueberzeugung sich aus der Gleichmäßigkeit der Mitwirkung der beiden

Faktoren des Gerichtes ergeben könnte, ist, abgesehen von den bisher bezeichneten Gründen, nicht recht zu begreifen, wenn man bedenkt, daß die rechtsgelehrten Richter und die Laien ihre Anschauungen nicht auf gleiche Voraussetzungen bauen, vielmehr zwei verschiedenen Lebenskreisen angehörend, nur selten, vornämlich auf dem Gebiete der Rechtsfrage, zu einer sachlichen Einigung gelangen können. Mit Recht sagt Wahlberg (a. a. O.) in dieser Richtung: „Ein sogenanntes einheitliches Collegium aus heterogenen Richterqualitäten zusammengesetzt, ist in vielen Beziehungen eine Illusion. Die bloß äußerliche Vereinigung verschiedenartiger Faktoren der Rechtsprechung schafft noch kein innerlich verbundenes Ganzes." Daß es übrigens mit der vielgepriesenen Einheit der beiden Faktoren selbst auf Seite der Vertheidiger des Schöffengerichts nicht ernst gemeint ist, ergibt sich daraus, daß man diesem Institut besonders die Entscheidung von politischen Prozessen ohne Gefahr einer Ueberwucherung der Parteileidenschaften überweisen könne. — Wie will man es aber mit Erfolg bewerkstelligen, daß nicht die Parteileidenschaft der Laien im Urtheile zum Ausdrucke kommt? — Offenbar hofft man, daß der Einfluß des Richters den Laien jene objektive Anschauung und Gefühlsweise, wie sie für die Entscheidung politischer Prozesse erwünscht wäre, beibringt! Allein diese Hoffnung dürfte in Zeitläuften, während welcher das politische Leben durch Leidenschaften der verschiedensten Art in Fluß gekommen ist, empfindlich getäuscht werden. In Perioden heftiger politischer Erschütterungen würde selbst der sonst selten eines selbstständigen Urtheils fähige Geschworene ebenso wie der sonst objektiv und ruhig denkende Bürger unter dem Drucke der Bewegung dem Richter Widerstand entgegensetzen. Es wäre eine Selbsttäuschung, wollte man glauben, die Vereinigung beider Faktoren werde gerade auf den bedenklichen Gebiete der politischen Prozesse der Wahrheit und Gerechtigkeit eine Gasse brechen. Ist in politisch bewegter Zeit niemals mit Bestimmtheit zu erwarten, daß ruhige Erwägung und ungetrübter Sinn für die Unverletzbarkeit des bestehenden Rechtes allein die Geschworenen bestimmen werde, dann ist dies noch mehr der Fall im Schöffengerichte, wo man den Repräsentanten der staatlichen Gewalt die Opposition auf die bequemste und unauffälligste Weise in aller Form Rechtens entgegentragen kann, ohne die ausschließliche Verantwortung für den Inhalt des Urtheils auf sich ruhen zu lassen. Die politischen Prozesse werden überhaupt in so lange einer anomalen Behandlung in der Praxis ausgesetzt sein, als es allzu scharfe politische Parteiungen geben wird und nur allmälig dürfte in friedlicher Zeit der heute noch als Wunsch und Hoffnung auszusprechende Zustand einer objektiven Beurtheilung politischer Delikte zur Herrschaft gelangen. Ist aber einerseits kein Zweifel darüber vorhanden, daß heute unsere politischen Verhältnisse noch nicht in jene ruhige Bahnen geleitet sind, die in allen maßgebenden Faktoren des Staatslebens ein gleichmäßiges Interesse an dem unverbrüchlichen Festhalten an dem Rechte voraussetzen, dann ist es andererseis durch rechtspolitische Gründe geboten, die Laien von der Judikatur über politische Delikte fern zu halten. Man verhütet dadurch, daß sich die falsche Anschauung von der Jury als politischer Institution festsetze. Es war, wie Mittermaier (Erfahrungen über die Wirksamkeit der Schwurgerichte in Europa und Amerika, S. 2) treffend bemerkt, „das unglücklichste Ereigniß, daß man in einigen Staaten (nach 1848) das Schwurgericht nur vorerst für die Aburtheilung von Preßvergehen und einiger politischer Straffälle anwendete. In der damaligen (und gewiß auch noch heute währenden) Aufregung mußte die Folge die sein, daß die ergangenen Wahrsprüche häufig freisprechende waren, auch in Fällen, in welchen die Schuld offen vorlag."

So wünschenswerth es nun wäre, unter Beibehaltung des Prinzips der Theilnahme von Laien auch für die Entscheidung von Preß- und politischen Prozessen ein Prozeßsystem zu finden, so müßte man sich doch gegen dasselbe aussprechen, wenn, wie bei dem Schöffengerichte, das doch in dieser Richtung empfohlen wird, die Aussicht auf sachlich gerechte Urtheilsprüche in politischen Strafsachen nur mit der Voraussetzung einer möglichen Beeinflussung der Laienrichter durch die staatlichen Richter erkauft werden könnte; eine Voraussetzung, deren Möglichkeit überdies gerade in politischen Prozessen auch bei den Schöffen, wie schon oben gezeigt wurde, sehr problematisch ist.

Als ein Argument für die Schöffen und gegen die Jury wird die Unmöglichkeit bezeichnet, gegen die Formulirung der Fragen Bedenken und Einspruch zu erheben, während die gemeinschaftliche Berathung der rechtsgelehrten und laienhaften Richter der aus der Fragestellung entspringenden Gefahr eines irrigen Verdiktes angeblich aus dem Wege geht. Auch hier bleibt man den Beweis schuldig, daß die Fragestellung im Geschworenengerichte irreparabel sei, ohne den Vorzug der im Schöffengerichte beliebten Lösung dieser Angelegenheit dargethan zu haben. — Daß die Fragestellung vielfach verfehlt, und die Organisation dieses Prozeßstadiums reformbedürftig ist, kann nicht geläugnet werden. Es ist aber die Reform auch in Wirklichkeit möglich. Wir verweisen hier auf den von Wahlberg (das Prinzip der Individualisirung im Strafrecht S. 187; ferner dess. Verfahren bei der Fragenstellung an die Geschworenen, allg. öst. Ger.-Ztg., Jahrg. 1868, Nr. 19—21; das sächs. Schwurgerichtsgesetz vom 1. Oktober 1868, §. 79) gemachten Vorschlag, den Geschworenen so gut wie dem Ankläger und dem Vertheidiger das Recht einzuräumen, mit Rücksicht auf die Individualität des Falles „gegen die Fragestellung Einwendungen zu erheben und Zusätze zu beantragen." In das Prozeßsystem wäre diese Forderung dann derart einzufügen, „daß die Fragestellung nach dem Schlusse des Beweisverfahrens als ein Prozeßstadium behandelt werde, daß an derselben den Parteien und den Geschworenen eine Mitwirkung eingeräumt werde, und der definitiven Fragestellung eventuell eine Verständigung der Geschworenen mit dem fragenden Richterkollegium vorangehen dürfte."

Es ist dieser Vorschlag die reine Consequenz im Organismus des auf Anklage, Unmittelbarkeit, Mündlichkeit und Oeffentlichkeit gegründeten Verfahrens, und dem Jurygedanken durchaus entsprechend. Der oben angedeutete enge Zusammenhang von Rechtsbelehrung und Fragestellung wird hier zur praktischen Wahrheit, indem die Geschworenen in die Lage kommen, die ihnen durch die Rechtsbelehrung nahe gelegten Begriffe auch sofort anzuwenden, und zwar in einem Prozeßstadium, in welchem es noch möglich ist, etwa vorhandene Irrthümer und Zweifel unter der Controlle des Richters, ja durch den Richter selbst beseitigen zu können. Hier ist die Möglichkeit geboten, die juristische Seite der Schuldfrage mit Hilfe des rechtsgelehrten Richters erschöpfend zu beleuchten, ohne daß die Selbstständigkeit der Ueberzeugung der Geschworenen in irgend welcher Weise gefährdet wäre. Auf diesem Wege wird innerhalb der Jury das erreicht, was man in der für das Schöffeninstitut postulirten Gemeinschaft der Berathung zu erreichen vermeint. Das vorgeschlagene Mittel nähert sich außerdem der englischen Rechtsbelehrung, bezüglich welcher schlechthin behauptet wird, daß mit derselben „platterdings nichts anzufangen sei." So wenig man am Continente an eine Copie des englischen materiellen Strafrechtes denken kann, so wenig ist es zulässig, irgend welches Glied aus dem Organismus der englischen Jury loszureißen und in unser Prozeßrecht einzufügen; allein dem Grundgedanken nachzuforschen, der die englische Jury beherrscht, und aus diesem die befruchtende Idee für unser Geschworenengericht zu gestalten, — dies ist möglich und ebenso nothwendig. Die Wirksamkeit des Wahlberg'schen Vorschlages wird sich in der Praxis in dem Maaße steigern, als die Gesetzgebungen sich der Aufgabe bewußt werden, daß das materielle Strafrecht gerade im Hinblick auf die Laienrichter einer solchen Formulirung bedürftig ist, die es möglich macht, die juristische Seite der Schuldfrage im einzelnen Falle reiner und einfacher, als es bisher geschehen konnte, klarzustellen. Die von den Geschworenen geführte Probe, „daß ein Verbrecher das Gesetz verstanden habe oder doch verstehen könne und solle" (Justus Möser), ist dann um so sicherer, das Urtheil um so gerechter. („Die Jury hat die strafrechtliche Verantwortlichkeit oder Strafbarkeit des Angeklagten vor dem Gesetze zu entscheiden." Wahlberg, Individualisirung, S. 179.)

Der Wahlberg'sche Vorschlag ist aber auch, wie schon oben bemerkt worden, aus dem Grunde um so empfehlenswerther, als er im Ganzen und in seinen Details als Consequenz des im Geiste der Unmittelbarkeit und Oeffentlichkeit reformirten Strafverfahrens gedacht und ausgeführt ist, während das Schöffeninstitut diesen Prinzipien widerstreitet. Jene angeblich zwanglos erfolgende Rechtsbelehrung im Schöffengerichte erfolgt im geheimen Berathungslokale, ohne daß es den Prozeßsubjekten gestattet wäre, auch nur Kenntniß hiervon zu nehmen. Es wird dabei ohne jede geschäftliche Ordnung in einer ziemlich gefährlichen collegialen Weise vorgegangen, einer Collegialität, der in vielen Fällen die Aufrichtigkeit fehlen wird. Bietet aber das Schöffengericht schon in seiner äußeren Organisation das Bild einer erheblichen Reaction gegen das, was im reformirten Verfahren prinzipiell als Garantie einer gerechten Rechtsprechung gepriesen wird, dann brauchen wir nicht weiter auszuführen, zu welchen Befürchtungen dasselbe in der Hand gewandter Richter Anlaß geben kann.

Daß viele der Schöffen nach Lage der Dinge, ähnlich den Handelsgerichtsbeisitzern, eine sehr unersprießliche Thätigkeit entwickeln dürften, ist schon vielfach hervorgehoben worden und leicht erklärbar; denn da, wo die Initiative des Denkens und Entscheidens Anderen übertragen ist, mag es bequemer erscheinen, diesen die ganze Arbeit sammt der Verantwortung zu überlassen; ohne es zu merken, sinken dergleichen Beisitzer zu bloßen Stimmmaschinen herab.

In der Form des Schöffengerichtes vermögen wir die Theilnahme der Laien an der Rechtsprechung als eine Erweiterung der Mitwirkung des Laienelements in der Rechtspflege überhaupt nicht zu erblicken, denn ungeachtet sogar die Rechtsfrage ihnen zur Genüge zugewiesen werden soll, ist die Organisation des Institutes eher geeignet, schon nach dem bisher Gesagten, eine Verkümmerung des Laienelementes mit sich zu bringen, denn wo nicht, wie in der Jury, das Laienelement selbstständig in die Entscheidung eingreift, dessen Einfluß vielmehr nur von dem Zufall der größeren oder geringeren Urtheilsfähigkeit und persönlichen Selbstständigkeit der einzelnen Laienrichter abhängt, hat die Mitwirkung der Laien überhaupt keinen positiven Werth. Die nebensächlichen Vortheile, die aus einer derartigen Mitwirkung etwa noch entspringen könnten (z. B. die Verbreitung von Rechtskenntnissen u. s. w.), sind zu geringfügig, um eine derartige Erweiterung der allgemeinen staatsbürgerlichen Pflichten rechtfertigen zu können.

Es ist aber ferner die den Laien gemachte Zumuthung, gemeinschaftlich mit den rechtsgelehrten Richtern die Rechtsfrage zu entscheiden, selbst schon geeignet, die größten Bedenken gegen das Instistut wach zu rufen. — Zur Beantwortung der Schuldfrage, dem eigentlichen Gebiete, auf welchem Laien überhaupt in der Rechtsprechung eine Wirksamkeit eingeräumt werden kann, hält man dieselben auf sich angewiesen, nicht berufen; wohl aber zur Lösung der unendlich schwierigeren Rechtsfrage, denn die collegiale Berathung soll wie mit einem Zauberschlage die Lücke an juristischen Kenntnissen und aus der Praxis gezogenen Erfahrungen auf Seite der Laienrichter ausfüllen. — Die Handhabung des Prozeßrechts während der Verhandlung und in der Berathung über die Definitivsentenz, die Anwendung von Rechtsregeln des materiellen Strafrechts ist ein Gebiet, welches dem Gesichtskreise des nicht juristisch gebildeten Laien vollkommen fremd ist. Vollzieht sich die Beantwortung der Schuldfrage auf eine mehr natürliche Art, indem sie blos einen Appell an den gesunden Menschenverstand enthält, so setzt die Beantwortung der Rechtsfrage, die Prozeßleitung u. s. w. die aus der Uebung eines Berufes erst auf Grund einer reichen Praxis sich ergebende Kunst voraus, die den Laienrichtern am wenigsten erst bei der Verhandlung beigebracht werden kann. Juristen von Fach sind oft in der Lage, auf Hindernisse zu stoßen, die sich aus controversen Rechtsfragen ergeben. Glaubt man etwa, die Lage des rechtsgelehrten Richters werde dadurch leichter, daß sein nicht rechtsgelehrter College, der den Wald vor Bäumen nicht sieht, neben ihm sitzt und von ihm die Rechtsbelehrung erwartet? In relativ einfacheren Rechtsfragen wird es bei dem eifrigsten Streben des Richters, sich einer populären Darstellungsweise zu befleißen, nicht möglich sein, dem Laienrichter die Frage derart nahe zu rücken, daß man sagen könnte, die von diesem und dem rechtsgelehrten Richter gemeinschaftlich ausgehende Antwort beruhe auf gleichen Voraussetzungen in der Denkthätigkeit Beider. Die Erkenntniß eines beliebigen Rechtssatzes in der Absicht der Anwendung desselben auf einen individuellen Fall, setzt eine Entwicklungsreihe von Gedanken voraus, in deren dialektischem Zusammenhange zugleich die Probe der Richtigkeit jener Erkenntniß selbst liegt. Dieser Denkoperation ist aber offenbar nur derjenige fähig, dem das juristische Denken geläufig ist und eine Fülle juristischer Kenntnisse wie praktischer Erfahrungen zu Gebote steht. Beides mangelt den Laienrichtern, ohne daß diese Lücke augenblicklich ausgefüllt werden könnte. Wie wollte man auch über schwierige Rechtsfragen eine Discussion einleiten, bei der mindestens das Eine erreicht würde, daß nicht ein beständiges Abschweifen von der Sache nothwendig wäre, das unausbleiblich eintreten wird, wenn die auf Seite der Schöffen angeregten Zweifel und positiven Fragen ihre Beantwortung fordern? Wird man etwa den Schöffen den Vorwurf machen wollen, daß eine Verhandlung planlos vom Ziele abgeht und sich in das Labyrinth von Detailfragen verirrt, die nicht zur Sache gehören. Und gesetzt, man hätte sich durch jenes Labyrinth hindurchgearbeitet, wo liegt die Garantie, daß die in einigen Stunden erfolgte Information der Schöffen eine gleiche Basis der Erkenntniß auf ihrer Seite hervorgebracht hat, wie sie im rechtsgelehrten Richter durch Studium und ununterbrochene Berufsarbeit allmälig geschaffen wurde, und in einer Reihe von juristischen Ueberzeugungen sich ausgebildet hat? Man will sich hier offenbar mit einer neuen und ebenso kühnen Fiction über die Hindernisse hinwegsetzen, denen eine ruhige Ueberlegung der Frage nicht ausweichen darf, wenn man die gemeinschaftliche Berathung und die Möglichkeit des Ideenaustausches in der geheimen Sitzung von Richtern und Schöffen als das Mittel preist, in dem die Lösung liegen soll. Von der gemeinschaftlichen Berathung und Discussion erwartet man jene Einheit und Harmonie des Urtheiles, die demselben als einer geistigen Operation nicht abgehen sollen. Wie soll aber hier von Einheit und Harmonie in den Wirkungen die Rede sein, wo die Ursachen so verschiedenartig sind, daß von einer Cooperirung derselben gar nicht die Rede sein kann. Treffend bemerkt auch in dieser Richtung Wahlberg (österr. Gerichts.-Ztg. a. a. O.): „Bloß receptive Entgegennahme von Rechtsbelehrung ist Information aber nicht Discussion." Ja, wir möchten sogar behaupten, daß eine Information nicht durchweg gelingen dürfte, denn auch die bloße Information beruht auf Voraussetzungen in dem Erkenntnißvermögen des zu Informirenden, die denjenigen Schöffen zweifellos abgeht, denen das juristische Denken fremd ist. Aber selbst zugegeben, es gelänge eine bloß receptive Information, so frägt es sich doch noch, welchen Werth dieselbe für die Berathung und Entscheidung haben könnte.

Daß selbst der informirte Schöffe bei der Berathung in eine sachgemäße Discussion nicht eintreten werde, dürfte in der überwiegenden Mehrzahl der Fälle als gewiß angenommen werden können. Nimmt er dennoch an der Discussion Theil, so sind seine Aeußerungen nur die Reproduction einiger ihm mühsam beigebrachten Gedanken, die ohne inneren Zusammenhang vorgebracht, dem Richter möglicherweise Veranlassung geben, das hervorgekommene Mißverständniß oder den Irrthum des Laienrichters durch Wiederaufnahme der Rechtsbelehrung zu corrigiren. — Wo wäre da das Ende abzusehen? — Auch die correcte Auffassung der Ausführungen des Richters auf Seite des Schöffen würde diesen gleichwohl nicht befähigen, an der Discussion derart Theil zu nehmen, daß ihm eine selbstständige Anschauung zu Gebote stände. Und auf diese wollen doch die Anhänger des Schöffeninstituts nicht verzichten! Im Gegentheile! Sie erwarten gerade dadurch, daß selbst in der Entscheidung der Rechtsfrage dem Laienverstande Raum gegeben wird, eine Erweiterung der volksthümlichen Rechtsprechung, indem sie alle Hoffnung auf die gemeinsame Discussion bauen. — Allein, so sehr die Laien befähigt und sohin berufen sind, in der Entscheidung der Beweis- und Schuldfrage durch Ergänzung der Erkenntniß der rechtsgelehrten Richter mitzuwirken, eben so sehr fehlt ihnen die Befähigung zur Theilnahme an der Beantwortung der Rechtsfrage, folglich auch der Beruf hiezu. Das Urtheil der Laien wird überall da am Platze sein und einen bedeutsamen Werth für die Entscheidung der Schuldfrage haben, wo es sich darum handelt, den Beweis von Thatsachen zu constatiren und diese unter den gesetzlichen Deliktsbegriff zu subsumiren. Bei dem Nachweise des gesetzlichen Begriffes und der incriminirten Handlung, und bei der Erfassung einer Reihe anderer Begriffe, die im Gesetze nicht definirt sind, aber Verhältnisse des alltäglichen Lebens betreffen, wird die Erkenntniß der Laien von der gemeinen Rechtsüberzeugung, wie sie im Volke lebt, wesentlich unterstützt. Kurz gesagt, für die Beantwortung der Schuldfrage besitzen die Laien die geistigen Mittel und die frische Lebenserfahrung, die den einzelnen Fall mit der abstracten Gesetzesbestimmung in Einklang zu bringen geeignet sind, die aber dem rechtsgelehrten Richter nicht in gleichem Grade zukommen. Für die Rechtsfrage dagegen fehlt den Laienrichtern jede Befähigung und Erfahrung; ihre Mitwirkung kann daher nur verwirrend wirken und ist eine bloße Belästigung der Rechtspflege.

Aus der Gesammtheit dieser Ausführungen ergiebt sich somit Folgendes:

1. Die Jury ist die einzig rationelle Form der Mitwirkung des Laienelements in der Strafrechtspflege.

2. Die anerkannte Reformbedürftigkeit der Jury ist kein Grund, das Prinzip derselben durch Einführung des Schöffeninstituts aufzugeben.

3. Eine Reform der Jury ist möglich. (Wahlberg'sche Vorschläge.)

4. Das Schöffengericht ist irrationell innerhalb des Gebietes der Beweis- und Schuldfrage, und geradezu unbrauchbar innerhalb der Rechtsfrage, denn ein Anderes ist die Rechtsbelehrung zum Behufe der Subsumtion der bewiesenen Handlung unter das Gesetz und ein Anderes die Rechtsbelehrung betreffend den Inbegriff von Fragen des materiellen und formellen Strafrechts, die in der sogenannten Rechtsfrage zur Entscheidung zu bringen sind.

XI.

Gutachten des Hof- und Gerichtsadvokaten Herrn Dr. Lothar Johanny zu Wien

über die Gesetzgebungsfrage:

„Ist es angemessen, daß durch die Subhastation sämmtliche auf dem subhastirten Grundstücke ruhende Hypotheken fällig werden?"

Für die förmliche Concursverhandlung hat sich heute ziemlich allgemein der Satz eingebürgert, daß alle Forderungen wider den Gemeinschuldner als fällig behandelt werden müssen. Er hat, wie kaum zu läugnen, nicht nur seine logische Berechtigung, sondern ist nebenbei auch ein Requisit der technischen Durchführung der Cridaverhandlung. Mit Recht hat daher die neue preußische Concursordnung die alte Vorschrift der A. G. O. 50. Tit. §. 555. aufgegeben, wonach das nicht fällige Capital bis zum Verfall irgendwo sicher untergebracht werden mußte, und den Prinzipien der Art. 1188 c. c. und 444 c. d. c. sich angeschlossen.

Neuere Gesetzgebungen gehen noch einen Schritt weiter und bringen denselben Satz auch bei der Singularexekution bezüglich der auf dem Exekutionsgegenstande lastenden Hypotheken zur Geltung.

Insbesondere drückt dies die preuß. Gesetzgebung im 5. Titel der C.-O. („von dem Prioritätsverfahren in der Exekutionsinstanz") §. 396 aus, indem sie vorschreibt:

„Die noch nicht fälligen Forderungen werden wie fällige behandelt; der Gläubiger kann die Annahme einer noch nicht fälligen Forderung nicht verweigern. Ist eine solche Forderung unverzinslich, so kommt die Vorschrift des §. 249 C. O. zur Anwendung."

Der citirte §. 249 bestimmt, daß unverzinsliche Forderungen, deren Verfallstag noch nicht eingetreten ist, nur mit demjenigen Betrage in Ansatz zu bringen sind, welcher mit Hinzurechnung der gesetzlichen Zinsen von diesem Betrage, für die Zeit zwischen dem Zahlungstage und dem späteren Verfallstage dem ganzen Betrage der Forderung gleichkommt.

Die in dem §. 296 preuß. C. O. angedeuteten zwei Momente sind denn auch meines Erachtens die einzigen Consequenzen, in denen der an die Spitze gestellte Satz praktische Wichtigkeit erlangt. Dabei lasse ich selbstverständlich die Frage nach der Art der Zinsenberechnung und die Höhe derselben ganz außer Spiel und betrachte überhaupt die letztere Bestimmung der preuß. C. O. nur als ein nothwendiges Corollar aus der ersten. Was von dieser gesagt wird, gilt auch von jener.

Nicht nur vom Standpunkte des strengen Rechtes, sondern auch von dem der thatsächlichen Zweckmäßigkeit scheint sich manches gegen jenen Satz einwenden zu lassen.

Für's erste, könnte man sagen, ist der Verkauf der Hypothek derjenige Akt, aus dem sämmtliche auf ihr lastende Verpflichtungen ihre juristische Lösung finden sollen. Nun involvirt aber gerade jener Satz eine dem strengen Rechte nicht entsprechende Lösung, denn der Eigenthümer einer nicht fälligen Forderung wird gegen sein berechtigtes Interesse gezwungen, die Zahlung noch vor dem Verfallstermine anzunehmen, ja sogar einen Abbruch an seiner Forderungssumme sich gefallen zu lassen, wenn seine Forderung nicht verzinslich ist. Dieser Zwang ist in der That nichts anderes als eine Art von Expropriation für den renitirenden Gläubiger, dem vielleicht an der individuellen Elocirung seines Capitals viel gelegen ist, und der nach einer gleich sicheren und gewinnreichen Verwendung sich umzusehen, weder Lust noch Gelegenheit hat. Eine neue Elocirung verursacht immerhin Kosten, welche er aus Eigenem wird tragen müssen. Dazu kommt, daß für diese Art der Expropriation nicht einmal irgend welche zwingende Nothwendigkeit sich geltend machen läßt.

Zum andern mag man dagegen auch hervorheben, daß es sogar ein Gebot der Klugheit sei, den Kreis Derjenigen möglichst zu erweitern, die bei der Steigerung concurriren. Die Aussicht nun, die noch nicht fälligen Forderungen nicht sofort honoriren zu müssen, kann sicher nur Käufer herbeiziehen deren Kräfte im entgegengesetzten Falle ein Mitbieten gar nicht gestatten würden.

Aehnliche Erwägungen mochten die älteren Gesetzgebungen, darunter die österreichische (§. 328 a. G. O.), bestimmt haben, der exekutiven Subhastation an und für sich auf die Fälligkeit der Forderungen gegen den Willen der Hypothekengläubiger irgend welchen Einfluß nicht zu gewähren. Der Gläubiger kann demnach nicht gezwungen werden, sein Pfandcapital vor dessen Fälligkeit anzunehmen, sondern der Ersteher der Liegenschaft muß in diesem Falle die Schuld in dem bisherigen Umfange übernehmen.

Trotz alledem kann ich nicht umhin, mich für die neuere Theorie auszusprechen.

Es ist klar, daß es sich in unserer Frage immer nur um solche Fälle handeln kann, wo mehrere Forderungen auf der Hypothek inscribirt und auf deren Erlös angewiesen sind. Ist eine Einzige eingeschrieben, so hätte die Subhastation auch nur wegen dieser Einen betrieben werden können, und diese hätte dann ohnehin fällig sein müssen.

An dem Charakter des Falles ändert es nichts, wenn eben die mehreren Forderungen in Einer Hand vereinigt sind. Immerhin sind es auch diesfalls mehrere dingliche Rechtsansprüche, welche aus dem Erlöse der Hypothek ihre Befriedigung finden müssen, und das Specifische unserer Frage liegt eben darin, wie neben den fälligen Forderungen die nicht fälligen zu behandeln sind?

Ueberall da, wo eine Mehrheit von Ansprüchen auf Ein gemeinsames Object gerichtet ist, liegt eine Concurrenz der Ansprüche vor, und gerade diese Fälle sind die schwierigsten in ihrer Behandlung durch die Gesetzgebung. In jeder solchen Concurrenz muß dafür Sorge getragen werden, daß bei Beurtheilung, Bemessung und Berichtigung der Einen Verbindlichkeit der nöthige Bedacht auf die anderen genommen werde, und daß nicht dem einen Anspruch ein Umfang gegeben werde, der die Lösung der anderen beeinträchtigt.

Das auffallendste Beispiel hiervon ist der Concurs.

In unserem Falle hat sich erst mit der Zeit der Charakter einer wirklichen Concurrenz von Ansprüchen mehr und mehr ausgeprägt.

Im ältern römischen Recht hatte bekanntlich der zweite Pfandgläubiger nur ein Recht auf die sog. **hyperocha**, d. h. auf das, was nach vollständiger Befriedigung des ersten Gläubigers von dem durch diesen erzielten Erlös der Pfandsache noch übrig blieb. So lange das Recht des ersten Gläubigers bestand, und neben diesem, hatte der zweite eigentlich so viel, wie gar kein Recht, und man konnte um so weniger von einer Concurrenz der Ansprüche sprechen, als in der That das Object des zweiten Gläubigers, so zu sagen, erst entstand, nachdem der erste befriedigt war.

Erst später vindicirte man dem zweiten Pfandgläubiger ein Verkaufsrecht, aber selbst dieses blieb abhängig von der Abfindung des ersten Hypothekars.

Nach dem heutigen Standpunkte der Gesetzgebung steht das Recht des Verkaufes in Bezug auf die gemeinsame Pfandsache jedem Pfandgläubiger ohne Rücksicht auf seine Priorität zu. Dafür hat der im classischen Rom übliche Verkauf ohne Intervention der Obrigkeit überall aufgehört, und an seine Stelle ist die Subhastation unter richterlicher Mitwirkung getreten.

Damit hängt auf das innigste der wichtige Satz zusammen, daß der unter richterlicher Autorität und öffentlich vollzogene Verkauf für alle Pfandgläubiger maßgebend sei, ohne Rücksicht auf ihre Stellung unter einander; und ohne Unterschied, wer von ihnen den Verkauf betrieben hat.

Man erkennt unschwer die erhebliche Modification, welche dieser Satz der Stellung des ersten Hypothekars nach römischem Rechte gebracht hat. Für ihn sprechen eine Reihe juristischer, administrativer und selbst nationalökonomischer Gründe.

Das Recht der Nachhypothekare ist nach der neuern Rechtsanschauung mit dem des ersten Gläubigers in seinem Wesen vollkommen gleichartig. Es ist nicht mehr ein anderes Pfandrecht, wie nach römischem Rechte, gebunden an die Abfindung des Vorhypothekars, und eben so wenig auf ein anderes Object gerichtet, nämlich auf das, was von dem Erlöse nach Befriedigung des ersten Hypothekars noch übrig bliebe. Ihr Recht umfaßt, gleich dem des ersten, die Sache in ihrer Totalität, nicht etwa nur einzelne ideelle oder physische Theile, welche beide sich absolut nicht bestimmen ließen, da man den Erlös nicht voraus eruiren kann.

Darf nun einerseits jeder der Pfandgläubiger das Object seines Rechtes in der Sache selbst sehen, und steht ihm daher das Recht des Verkaufs in Bezug auf die ganze Sache zu; so kann doch andererseits dieser Verkauf nach der Natur der Dinge nur Einmal geschehen. Da es ohne Vergewaltigung an dem Rechte des Einzelnen unmöglich wäre, den Verkauf von Allen auf Einmal durchführen zu lassen, so bleibt nichts übrig, als den von irgend einem der Gläubiger betriebenen und durchgeführten Verkauf ohne Rücksicht auf ihr spezielles und erst später realisirbares Verkaufsrecht als maßgebend für alle zu erklären. Man konnte sich dazu um so leichter entschließen, als das heutige Gesetz die Durchführung des Verkaufes mit einer Reihe von Formalitäten umgeben hat, welche dem nicht betreibenden Gläubiger eine genügende Garantie gegen Benachtheiligung geben. Der Verkauf geschieht unter obrigkeitlicher Mitwirkung und öffentlich. Fast überall müssen die Interessenten speziell von der bewilligten Vornahme der Steigerung, sowie von der anberaumten Stunde und dem Orte verständigt werden und haben sohin

Gelegenheit, bei dem Akte persönlich zu interveniren. Sie haben endlich ihr jus offerendi, dessen Nichtanwendung mit Recht als ein Verzicht auf das selbstständige Verkaufsrecht gedeutet werden muß.

Ist nun einmal der Verkauf mit allen diesen Vorsichten und Formen durchgeführt, so ist es eine nothwendige Folge, daß er auch die Lösung aller auf der verkauften Realität haftenden Verbindlichkeiten mit sich bringe. Mit ihm und durch ihn ist das unmittelbare Object der Befriedigung der Hypothekengläubiger geschaffen; der Erlös liegt da, und causa pignoris finita est.

So richtig und so allgemein dieser Satz prinzipiell auch anerkannt sein mag, so ist er doch in seinen praktischen Consequenzen merkwürdiger Weise erst nach jener Richtung hin allgemein gangbar, wo er gerade am einschneidensten wirkt, nämlich in Bezug auf die aus dem Erlöse nicht gedeckten Gläubiger. Einem solchen wird nach heutigem Rechte nirgends mehr eine actio hypothecaria gegeben, sondern er wird nach durchgeführter Liquidirung über Belangen des Erstehers aus dem Hypothekenbuche einfach gestrichen.

In Bezug auf die durch den Erlös gedeckten Gläubiger hat er, wie wir gleich sehen werden, noch nicht die gleiche Geltung, und diese Inconsequenz liegt einzig und allein in der Verneinung der an die Spitze gestellten Frage. Schon dies allein würde mich für die bejahende Beantwortung stimmen.

Die Behandlung der nicht fälligen Hypothekenforderungen als fällige bei Vertheilung des Erlöses scheint mir nämlich nichts anderes, als das nothwendige Correlat aus jenem Satze für die aus dem Erlöse gedeckten Gläubiger. Wenn die causa pignoris wirklich durch den stattgehabten Verkauf finita est, so kann man nicht zu Gunsten des gedeckten Gläubigers eine Ausnahme machen, und seine Weigerung, das Resultat seines Rechtes anzunehmen, beachten. Sein Pfandobject ist durch das realisirte Recht eines concurrirenden Gläubigers in eine Geldsumme umgewandelt, und seine Berufung auf die noch nicht eingetretene Fälligkeit seiner Forderung steht im Widerspruch mit der Thatsache. Das Geld kann also nur auf seine Gefahr und Kosten liegen bleiben.

Die österr. allgemeine Gerichtsordnung schreibt im §. 328 vor, daß in die Versteigerungsbedingnisse immer die Clausel hineingenommen werde, es müsse der Ersteher die auf dem Gute haftenden Schulden, insoweit sich der zu bietende Preis erstrecke, übernehmen, wenn die Gläubiger ihr Geld vor der allenfalls vorgeschriebenen Aufkündigung nicht annehmen wollten.

Es ist klar, daß vermöge dieser Bestimmung die aus dem Erlöse gedeckten Gläubiger eigentlich ganz außer den Bereich des oben erörterten Satzes gestellt sind, und daß für sie der durch einen anderen Gläubiger bewerkstelligte Pfandverkauf nicht maßgebend ist. Trotz der erfolgten Verständigung von der Anordnung des Verkaufes, trotz dessen förmlicher Durchführung und trotz des nicht ausgeübten jus offerendi behält ein jeder von ihnen sein Verkaufsrecht nach wie vor, und der Ersteher muß nolens volens das alte Pfandrecht mit übernehmen.

Wenn der eine oder der andere von jenen seinerzeit wieder zum Verkaufe schreiten würde, so müßte auch er wieder gewisse andere Gläubiger von dem Verkaufe ausnehmen, und statt Eines Verkaufes, und Eine alle Hypotheken umfassende Lösung wird nun eine ganze Reihe von Verkäufen, Liquidirungen und Zuweisungen nothwendig, um die causa pignoris endlich zum Abschluß zu bringen.

Ein solches fortwährendes Verschieben der endlichen Lösung und Experimentiren mit neuen Eigenthümern verdoppelt und verdreifacht die Aufgaben der Gerichte, sowie die nothwendigen Kosten, und bringt in den wirthschaftlichen Lauf der Pfandsache doch keine Consolidirung. Man möge doch nicht übersehen, daß Hypotheken in wirthschaftlicher Beziehung nur dann keine Gebrechen oder Symptome wirklicher Schwäche sind, wenn sie aus sich zugleich die Mittel zu ihrer Beseitigung geben und sich daher fortwährend und stetig verringern. Sie sind Verhältnisse, deren wirthschaftliches Ziel nicht der Bestand, sondern gerade die Lösung und Wiederaufhebung sein muß. Sie künstlich zu verlängern, kann unmöglich im Interesse einer gesunden Volkswirthschaft liegen.

Aus diesen Gründen kann ich es für kein besonderes Unglück halten, wenn Leute vom Mitbieten fern bleiben, deren Mittel es schon von vornherein nicht gestatten, durch den Kauf des Gutes eine endgültige Lösung der darauf haftenden Verbindlichkeiten herbeizuführen. Die gewagte wirthschaftliche Operation ist selten besser als keine!

Das letzterwähnte Moment wird übrigens aufgewogen von der Möglichkeit, daß sich durch die Nothwendigkeit, gewisse Gläubiger mit ihren vielleicht drückenden Verbindlichkeiten zu übernehmen, auch wieder solche vom Mitbieten abhalten lassen, denen gerade daran gelegen ist, den reellen Alleinbesitz der Realität für sich zu gewinnen und sich in ihren Kreisen durch die Rechte Dritter nicht stören zu lassen.

Für die unbedingte Bejahung unserer Frage spricht aber die Rücksicht auf die concurrirenden Gläubiger noch in einer anderen Richtung.

Die oben erwähnte Inconsequenz tritt um so greller hervor, wenn man ermißt, um was es sich eigentlich bei unserer Frage für die aus dem Erlöse der Realität gedeckten Gläubiger handelt?

Für die Einen bringt der Verkauf die Entscheidung darüber, ob sie aus ihrem Pfandrechte überhaupt etwas erhalten oder nicht, ob also die langen Proceduren, die sie zur Erwerbung ihrer Hypotheken durchmachen mußten und der damit verbundene Aufwand, für sie überhaupt einen Zweck hatte oder nicht? Für die aus dem Erlöse gedeckten Gläubiger hingegen steht bei unserer Frage nur das kleinliche Interesse im Spiel, ob der Verkauf die bisherige Verwendung ihres Capitales berühren und ob sie gezwungen sein sollen, sich um eine neue Elocirung umzusehen.

In dieser Alternative fällt die Wahl nicht schwer.

Verbindet man mit dem Verkaufe für die aus dem Erlöse nicht gedeckten Gläubiger die vollständige und unwiderrufliche solutio ihrer Pfandrechte und den wahrscheinlichen Verlust ihrer Capitalien, so wird man demselben Akte für die glücklicheren Gläubiger mindestens die Wirkung nicht versagen können, daß er ihnen die individuelle Art der Capitalsbenutzung benimmt, und sie zwingt, eine andere Verwendung zu suchen. Diese Expropriation ist doch in der That gleich Null im Verhältniß zu derjenigen, welche die früher erwähnten Gläubiger erdulden.

Auf diese Rücksicht haben die nicht gedeckten Hypothekare ein gewisses Recht.

Wenn der Pfandverkauf in Bezug auf sie eine so einschneidende Wirkung hat, daß er geradezu über den Bestand ihrer Rechte entscheidet, so muß man ihnen wenigstens die Garantie geben, daß das Resultat desselben den Werth der gemeinschaftlichen Hypothek genau und entsprechend repräsentire.

Will man unsere Frage verneinen, so ist dies gar nicht möglich. Man weiß nämlich vor der Steigerung absolut nicht, welcher von den Gläubigern die Annahme seines Capitals verweigern wird und welcher nicht? Selbst eine diesfällige Anfrage dürfte das nicht klar stellen, da ja der Hypothekar sich einigermaßen auch nach den persönlichen Verhältnissen des Erstehers richten will und eine bestimmte Auskunft wahrscheinlich verweigern wird. Damit erhält aber das Kaufobject einen ebenso unbestimmten wie unbestimmbaren Anhang, den der Ersteher mit auf sein Risiko übernehmen muß, den er aber dafür gewiß in seinem Anbote entsprechend tariren wird. Man denke nur an den Fall, wenn der erste Hypothekar von seinem Capital eine 10 procentige Verzinsung und vielleicht noch andere Giebigkeiten, oder in Ländern, wo ein Zwangscurs besteht, die Rückzahlung in effectiver Währung zu beanspruchen hat! — In der Regel werden ja die Fälle, wo ein Gläubiger die Annahme seines Capitales verweigert, gerade solche sein, wo ihm dadurch eine Elocirung erhalten wird, deren Früchte er in anderem Wege schwer erlangen kann. Mit welchen Gründen wird man nun den durchfallenden Gläubigern gegenüber den Ausfall am Kaufpreis rechtfertigen können, der schon durch die bloße Möglichkeit der Uebernahme einer solchen Schuld erwachsen muß?

Ich glaube also, daß alle die hier dargelegten Gründe entschieden für die Bejahung unserer Frage sprechen. Alle die kleinlichen Einstreuungen, deren ich oben gedacht, müssen vor dem einzigen Gedanken zurücktreten, daß die Verneinung ein Unrecht wäre für die concurrirenden Gläubiger. Analoge Motive, welche dem fraglichen Prinzipe im Concurse zur allgemeinen Geltung verholfen haben, sprechen auch hier dafür.

XII.

Gutachten des Herrn Rechtsanwalt Lewald zu Berlin

über die Gesetzgebungsfrage:

„Soll die Zeugnißpflicht in Criminalsachen so lange nicht anerkannt werden, bis die Untersuchung die Richtung gegen eine bestimmte Person genommen hat?"

A.

Es ist ein Mord unter Umständen verübt, welche die Phantasie der ganzen Einwohnerschaft auf das Aeußerste erregen. Der Leichnam ist in Stücke geschnitten, in einen Sack gesteckt und so im Wasser aufgefunden worden. Die Criminalpolizei hat Prämien ausgesetzt, und außerdem Jedem Verschwiegenheit seines Namens zugesagt, welcher über die gräßliche That irgend eine Auskunft zu geben vermag. Die Privatthätigkeit des Publikums leistet in jedem Betracht den Bemühungen der Criminalpolizei Hülfe und Vorschub. Alles vergebens! — Da erscheint plötzlich in einer vielgelesenen Zeitung eine Mittheilung über den Mord, welche unzweifelhaft darthut, daß der Verfasser die jene That vorbereitenden und begleitenden Umstände genau kennt. Welcher Mensch von gesunden Sinnen, sei er professioneller Jurist oder Laie, wird hier ein Bedenken haben, den Redakteur mit vollem Zwange, den die Gesetze nur irgend gestatten, zur Ablegung des Zeugnisses anzuhalten! Wer würde die Entschuldigung zulassen, „die Untersuchung habe noch nicht die Richtung gegen eine bestimmte Person genommen; man wisse noch nicht, ob der Zeuge nicht etwa in einem nahen, die Zeugnißpflicht ausschließenden, Verwandtschaftsgrade zum Thäter stehe? Fragen und Bedenken dieser Art wären ja offenbar Thorheit, oder höchstens geeignet, die Phantasie des dramatischen Dichters zu beschäftigen, nicht aber den Ernst des Gesetzgebers.

Was von dem großen Verbrechen gilt, trifft im Prinzip auch zu auf minder schwere Verbrechen und Vergehen.

Man wird daher nichts Wesentliches gegen die Bestimmung einwenden können, welche im §. 7 der preußischen Criminalordnung von 1805 dahin formulirt ist.

> „Jedermann im Staate, ohne Unterschied des Standes, ist schuldig, dem Richter auf Erfordern, bei Vermeidung einer angemessenen Ahndung alles dasjenige mitzutheilen, was ihm in Beziehung auf ein zu untersuchendes Verbrechen oder den Thäter bekannt ist."

Wie ist man nun aber zu der dem Gutachten zu Grunde liegenden Frage gekommen? Einfach dadurch, daß in verschiedenen Fällen Beamte über Gegenstände ihres Ressors Mittheilungen durch die Zeitung gemacht haben, welche nicht etwa auf begangene Verbrechen oder Vergehen sich bezogen, sondern nur Kunde gaben von gewissen Verwaltungsmaximen, welche den Chefs der betreffenden Ressors unbequem waren. Die Ressorchefs requirirten nun die Gerichtsbehörden, die Zeitungsredakteure zeugeneidlich und zwangsweise über diejenige Person zu vernehmen, von der sie die unliebsame Mittheilung erhalten hatten. Fast immer sind solche Untersuchungen ausgegangen von den in diesem Punkt äußerst empfindlichen Militärbehörden. Man denke nur an den Fall mit dem Redakteur der Insterburger Zeitung, Herrn Otto Hagen; an den Redakteur der Cölnischen Zeitung, Herrn Dr. Kruse; an den Redakteur der Vossischen Zeitung, als dieselbe den berüchtigten Brief des Herrn v. d. Heydt an den Kriegsminister veröffentlichte, in welchem er eventuell um Aufstellung eines Schein-Etats für den Landtag bat. In allen diesen und ähnlichen Fällen lag von Seiten der die Geheimnisse mittheilenden Personen auch nicht die Spur eines Vergehens vor; sie hatten höchstens gegen die Disciplin gefehlt. Treffend spricht sich darüber ein Aufsatz in der National-Zeitung vom 5. Dezember 1862 aus, unterzeichnet: „Ein Richter".

> „Disciplin ist nicht Justiz, sondern Dienstzwang, Zucht und Ordnung."

Er führt aus — und dies trifft den Nagel auf den Kopf, — daß von Zeugnißpflicht überhaupt nur die Rede sein könne bei Privatrechtsstreitigkeiten und im Criminalrecht, also nur bei Civil- und Criminal-Justiz, nicht aber bei Disciplinar-Sachen. Es heißt in jenem Aufsatze wörtlich:

> „Das Disciplinarwesen, eine neuere Schöpfung, hat mit Recht und und Gerechtigkeit nichts zu schaffen; Disciplin ist nicht Justiz,

sondern Dienstzwang, Zucht und Ordnung. Die Zeugnißpflicht und ihre Erzwingbarkeit durch Executionsmaßregeln ist von den Gesetzen nur für Privatrechtsstreitigkeiten geschaffen, in denen der ordentliche Richter das Urtheil finden, und erkennen soll, was Rechtens ist. Es ist sehr fraglich, ob diese Pflicht auf ganz andere Verhältnisse ausgedehnt werden darf, in denen weder von einer richterlichen Urtheilsfindung, noch überhaupt von Recht und Gesetz die Rede ist, sondern wo eine nicht richterliche Behörde sich blos informiren will, um sodann beschließen zu können, was unter den obwaltenden Umständen aus Zweckmäßigkeitsgründen, aus Gründen des dienstlichen Interesses u. s. w. am besten zu thun sei. Im Interesse des Privatrechts (in Civilprozessen) und des allgemeinen Rechtszustandes (in Criminalsachen) mag die gesetzlich eingeführte Zeugenpflicht als ein nothwendiges Bedürfniß zur Ermittelung der Wahrheit gelten. Darum darf sie noch nicht auf andere Angelegenheiten übertragen werden, in denen die Ermittelung der Wahrheit nicht zur Feststellung des Rechts, sondern zu anderen Zwecken, gleichgültig welchen, dienen soll."

Es kann danach mit voller Befugniß ausgesprochen werden:

1) Die Zeugnißpflicht in Criminalsachen hat in vollem Umfang statt zu finden, wie es die oben angeführte Bestimmung der preußischen Criminalordnung angiebt; daß mithin Jeder dem untersuchenden Richter auf Erfordern mitzutheilen hat, was ihm in Beziehung auf ein zu untersuchendes Verbrechen oder den Thäter bekannt ist; und zwar einerlei, ob die Untersuchung die Richtung gegen eine bestimmte Person schon genommen hat oder nicht.
2) Dagegen ist Niemand zu einem Zeugniß zu zwingen, so lange es sich nicht um ein in dem Reichsstrafgesetzbuch mit Strafe bedrohtes Verbrechen oder Vergehen gegen eine bestimmte Person handelt.
3) Es liegt auch ein volles praktisches Bedürfniß vor — und nur in solchem Falle darf ja überhaupt der Gesetzgeber einschreiten — diese bedingte Befreiung von der Zeugnißpflicht und vom Zeugnißzwange durch das Gesetz auszusprechen.

B.

In engem Zusammenhange mit der Frage über den Zeugnißzwang steht die Frage über die Art des Zwanges, speziell über die Höhe der anzuwendenden Geldstrafe und über die Dauer der Gefängnißhaft. Sie berühren sich so nah, daß ihre Nichtauseinanderhaltung meisthin Unklarheit über die Vorfrage erzeugt hat.

In den altländischen Provinzen Preußens, wo man vom Landrecht heran sogenannte „willkürliche" Strafen — die freilich die Zeitdauer von 6 Wochen nicht übertreffen sollten — und an sogenannte „Executivstrafen" von „unbestimmter Dauer" gewöhnt ist — und alle oben angeführten Beispiele gegen den angewendeten Zwang von Redakteuren spielen ja gerade in Preußen — hat man sich bis zu der Ungeheuerlichkeit verstiegen, die Gefängnißhaft in infinitum fortzusetzen, bis der angebliche Trotz des Redakteurs gebrochen sei. Es gibt für den, der sich eingehender mit dem gegenwärtigen Standpunkt der Gesetzgebung in dieser Materie unterrichten will, und zwar umfassend nicht nur die Gesetzgebung aller deutschen Staaten, sondern auch der übrigen europäischen Länder, ein reiches Material, von welchem ich beispielshalber hier nur anführe:

„Mittermaier, das deutsche Strafrecht." Band 1, S. 435 sqq.
„Gneist, das heutige englische Verfassungs- und Verwaltungs-Recht." Band 2, S. 417.

Diese und ähnliche Materialien lagen bereits vor, als das Haus der Abgeordneten auf Anregung eines seiner Mitglieder, des Prof. Dr. John (Labiau) und aus Veranlassung gerade des Otto Hagen'schen Falles die Frage über den Zeugnißzwang im Allgemeinen und über die Dauer desselben zum Gegenstande der Berathung machte. Es trat die Justizcommission zusammen und erstattete darüber unter dem 20. Mai 1863 einen schriftlichen Bericht. Derselbe ist abgedruckt

„Stenographische Berichte über die Verhandlungen des Hauses der Abgeordneten." Bd. 5 Anlageheft 3. Theil Nr. 139 S. 1232 folgende.

Erwägt man, daß Dr. Simson Vorsitzender der Justizcommission gewesen, Leue Berichterstatter und daß zu den Mitgliedern der Commission unter Andern Männer wie Frech, Dr. John, Immermann gehört haben, so verdient diese Verhandlung wohl ganz besondere Beobachtung. In derselben wurde namentlich angeführt, daß „die Ausdehnung des Zeugenzwanges bis auf 2jährige Gefängnißhaft, wie von dem Justizminister Herrn Graf zur Lippe eventuell vorgeschlagen war, nicht zu rechtfertigen sei, wenn man in Erwägung ziehe, daß keine einzige Prozeßordnung in Deuschland die Grenze von 6 Monat Gefängniß oder 100 Thlr. Geldbuße überschritten, manche die nicht einmal erreicht hätten." Demgemäß empfahl die Commission dem Abgeordnetenhause als Strafe gegen einen renitenten Zeugen die Bestimmung:

„Diese Geldbuße darf die Summe von 100 Thlr.; die Gefängnißhaft eine Zeit von 6 Monaten nicht überschreiten."

Bekanntlich ist es zu einer Verhandlung darüber im Plenum des Hauses nicht mehr gekommen.

Inzwischen trat das Zwangsverfahren gegen den Redakteur der Cölnischen Zeitung, Herrn Dr. Kruse, ein, und es kam nun die Frage über die Zwangsverpflichtung des Zeugen und über die Zeitdauer der Gefängnißhaft vor dem Rheinischen Senat des Obertribunals zur Sprache, und zwar nach rheinisch-französischem Verfahren, wobei Gutachten berühmter Pariser Advokaten und Urtheile des Pariser Cassationshofes eingeholt und beigebracht wurden. Der Fall wurde sehr eingehend und gründlich sowohl von Seiten der Anklage als Seitens der Vertheidigung verhandelt. Die vollständigen Verhandlungen befinden sich in Oppenhoffs „Rechtsprechung des Obertribunals in Strafsachen“, Band 4, S. 166 und Goltdammers „Archiv für preußisches Strafrecht“, Band 11, S. 826.

Alle diese Bemühungen sind denn auch in der That auf die Anschauungen im preußischen Justiz-Ministerium nicht ohne Erfolg geblieben. In dem „Entwurf einer Strafprozeßordnung für den preußischen Staat. Berlin, Verlag von A. Nauck & Cp. 1865“, welcher bekanntlich im Justizministerium des Grafen zur Lippe ausgearbeitet worden, ist zunächst die nach preußischem Recht in infinitum fortzusetzende Strafe aufgehoben; und in polizeigerichtlichen Strafsachen eine Geldbuße bis zur Höhe von 50 Thlr. und in anderen Strafsachen eine Gefängnißhaft bis zu 6 Monaten fixirt. Es heißt dann weiter im Entwurf §. 169:

> „Handelt es sich jedoch um ein Verbrechen, so kann sie bis zu Einem Jahre, und wenn die gesetzliche Strafe des Verbrechens zehn Jahre Zuchthaus übersteigt, bis zu zwei Jahren fortdauern.“

Es mag in der That gerechtes Bedenken erregen bei einem mit mehr als 10jähriger Zuchthausstrafe bedrohtem Verbrechen einen renitenten Zeugen mit 6 Monat Gefängniß entschlüpfen zu lassen. Der reiche Verbrecher wird Mittel genug in Händen haben, sich die Verschwiegenheit des Belastungszeugen zu erkaufen, wenn derselbige mit höchstens 6 Monat Gefängniß davonkommt. Der Staat muß zur Sicherung der Gesellschaft die böswillige Renitenz des Zeugen auch mit stärkeren Mitteln zu brechen suchen.

Motive zu §. 169 und 170 des eben gedachten Entwurfs.

Andrerseits möchte es aber auch Bedenken haben, bei blos polizeigerichtlichen Vergehen, die oft nur mit wenigen Thalern Geldbuße belegt sind, dem Richter einen Spielraum bis zur Höhe von 50 Thalern gegen den Zeugen freizugeben. Bei Gelegenheit des Otto Hagen'schen Falles habe ich in der National-Zeitung vom 15. November 1862 die Beantwortung der Frage über das Maximum und das Minimum dahin formulirt:

Der Zeuge darf niemals eine höhere Strafe leiden, als wenn er der

Thäter desjenigen Vergehens oder Verbrechens wäre, über welches er Zeugniß ablegen soll.

Hieraus ergiebt sich auch von selbst, daß, wenn es sich überhaupt nicht um ein strafrechtliches Vergehen handelt, wie dies ja in allen oben angeführten Disciplinaruntersuchungen der Fall war, von einer Zeugnißpflicht überall nicht die Rede sein kann, und jede Strafe sowie jeder Zwang gegen den Zeugniß-Weigernden wegfallen muß.

Zeugnißpflicht ist eben nicht Denunciationspflicht!

Berlin, 15. Jüni 1872.

Otto Lewald, Rechtsanwalt.

Druck von G. Jansen in Berlin.

Druckfehler-Verzeichniß.

Seite	68,	4.	Zeile	von	unten lies gemeinrechtlichen statt: gemeinschaftlichen.
„	70,	1.	„	„	oben lies nur statt: nun.
„	72,	16.	„	„	unten lies er statt: es.
„	74,	17.	„	„	unten lies kein Widerspruch stattfinden statt: keinen Widerspruch finden.
„	77.	8.	„	„	unten lies die statt: der.
„	81,	3.	„	„	oben lies enthalten statt: entfaltet.
„	81,	1.	„	„	unten lies vorhypothekarischen statt: verhypothecirten.
„	84,	20.	„	„	unten lies gestellt statt: gestattet.

FSC
www.fsc.org
MIX
Papier | Fördert
gute Waldnutzung
FSC® C083411

Kolibri360 GmbH
Ferdinand-Jühlke-Straße 7
99095 Erfurt, Deutschland
produktsicherheit@kolibri360.de